ヒロシマ——壁に残された伝言

井上恭介
Inoue Kyosuke

a pilot of wisdom

目次

☆「壁に残された伝言」の多くは実際には旧漢字・旧仮名遣いで書かれていますが、本書では特別の場合を除き漢字は新字体としました。その異同については資料写真等をご参照のうえご了解ください。

序章　重なった奇跡

白い校舎

広島市の中心、本通商店街のアーケードからほんの百メートルのところにその校舎はあった。長方形の白い鉄筋コンクリートの建物。たしかに古いが、爆心地からわずか四百六十メートルで強烈な熱線を浴び、爆風にさらされたとは思えないほど、すっきりと立っていた。その姿全体で「原爆の悲惨」を訴えかける原爆ドームとは対照的だ。

校舎の中に入っても、窓枠や木の床に年季が入っていて古いことは古いのだが、一見して原爆の傷跡を認めることはできない。それは、戦後焼け残った校舎を再び使うために、壁を塗り、床を張りなおしたからだ。私のように広島の外から来た者は、そう言われて初めてそのことに気づく。

私が初めて校舎を訪れたのは平成十一年十一月。NHK広島放送局の報道番組ディレクターとして東京から転勤してきてまもなくだった。翌年の夏、八月六日に放送するNHKスペシャルという特集番組の制作をすることになっていた。被爆校舎の第一印象は、そっけないただの白い建物というだけだった。

しかしこの校舎を見てあの日を思い起こすことができる人でさえ、塗りなおした壁の下に生々しい原爆の記録が眠っていることは想像できなかった。

ふとしたことからそれは現れた。現代に生きる私たちにあの日のことを思い出させようという意志を持つかのように、半世紀の眠りからめざめ、よみがえった。

壁の下には、文字が残されていた。いくつかの名前、住所、短いメッセージ。被爆の直後、行方の知れない家族や教え子などを探すために書かれた伝言だった。

伝言はどうして保存され、長い時間を経て見つかったのか。事情を詳しく見ていくと、それがまさに奇跡と言えるものだったことがわかってくる。

はがれ落ちた壁の下から

広島市の中心部にある袋町《ふくろまち》小学校という学校の壁の下に「被爆の伝言」が数多く残されているのではないか。その可能性が突如注目されるようになったのは、平成十一年春のことだった。校舎の建て替え工事に先立つ壁の点検中、階段近くの壁が偶然はがれ、その下から文字らしきものが現れたのだ。よく見ると、「寮内」という字が読めた。

実は、そもそも「字の痕跡」としか言えないようなものが「読めた」のには理由があった。原爆の直後にこの壁を撮った写真があることを多くの人が知っていたからだ。東京の写真家が撮影し、しばらくの間広島平和記念資料館（原爆資料館）にも展示されていたその写真には、階段近くの壁一面に書かれた伝言が写されていた。だから文字らしきものが見つかった時、関係者は「ひょっとしてあれではないか」と思ったのだ。

写真に見える文章の中身や、階段の手すりと壁の位置関係などを細かく見比べると、たしかにそれは、ある人の連絡先として記した「東鑵寮内」の一部だった。

もし壁がはがれなかったら。もし写真が撮られていなかったら。写真は撮られていてもみんなが知るものでなかったら。そう考えると、実にいくつもの偶然が重なって伝言が発見されたことがわかる。

しかも校舎は、老朽化を理由に、翌年には取り壊されることが決まっていた。この時発見されていなかったら、そのまま取り壊されていただろうし、たとえ発見されても、その時機があと少し遅ければ詳細な調査はされなかったと想像される。現に毎年、被爆の記憶を今に伝える建物が、たいした調査も残そうという議論もなされないまま、次々と姿を消している。

しかし「奇跡」はそれだけではなかった。壁の下に文字が保存された事情がまた奇跡的だったのである。

見つかった文字には、写真の文字と実はひとつだけ一致しないことがあった。文字の色であ

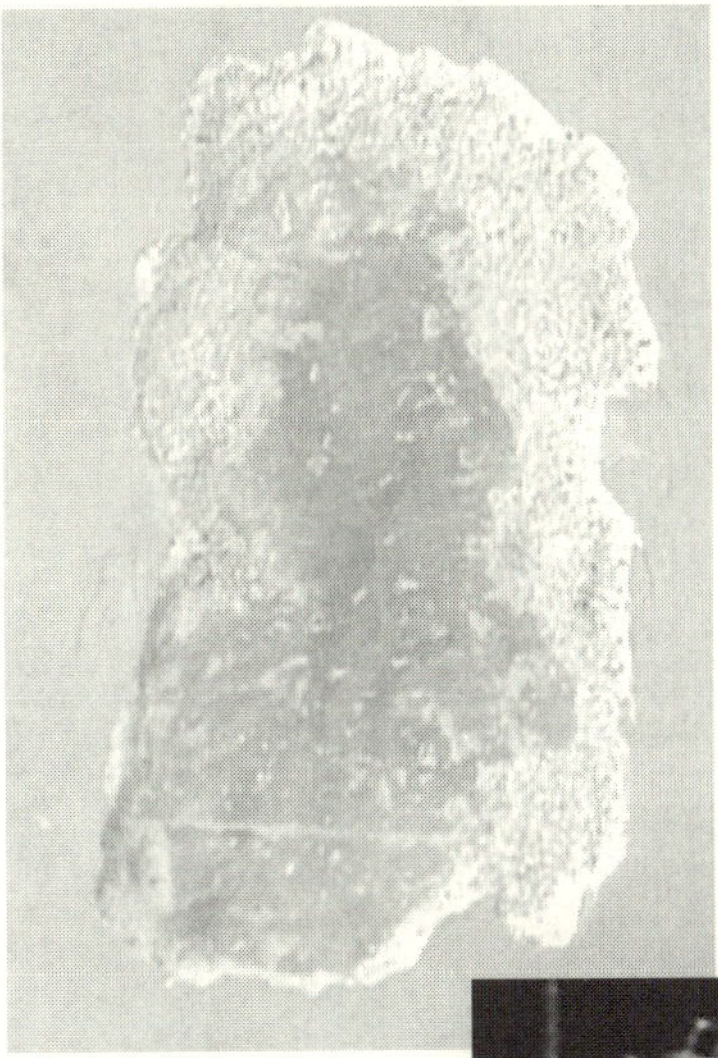

階段近くの壁がはがれて現れた文字「寮内」の痕跡

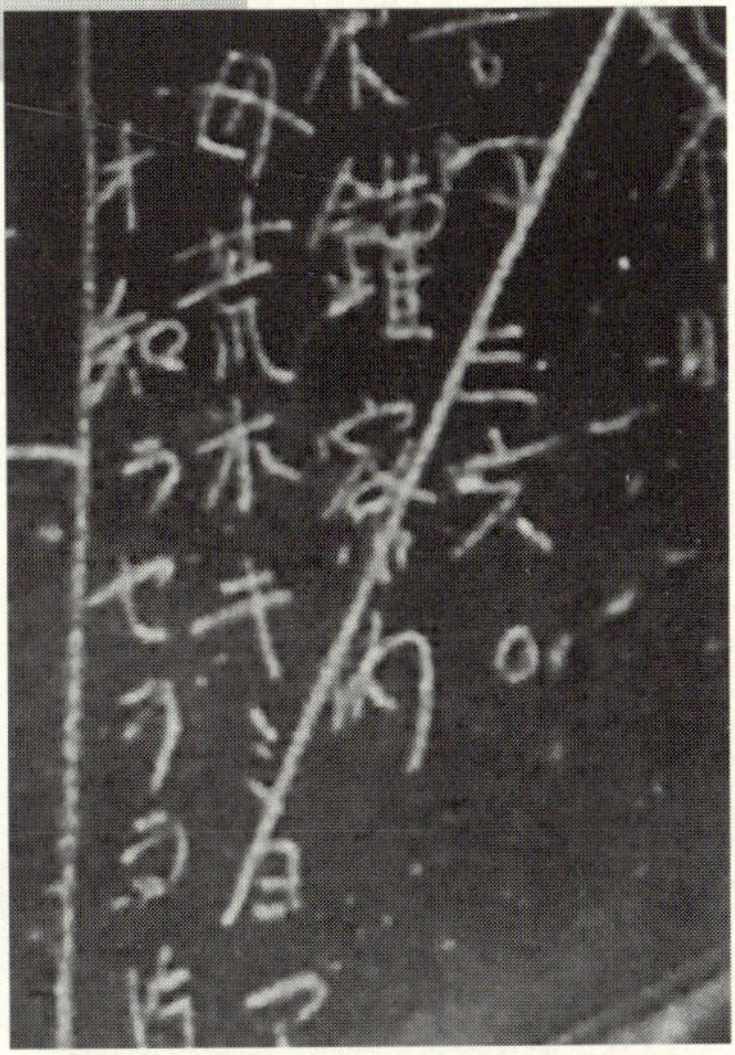

昭和20年10月に撮影された「被爆の伝言」の一部

る。写真の文字は白い。当時の状況を鑑《かんが》みれば、伝言が黒く煤《すす》けた壁に白いチョークで書かれたものであることは明らかだ。ところが見つかった文字は黒かった。いったいなぜか。

奇妙な事実に膝を打った人がいた。文化財保存の専門家で、後に伝言調査の指揮をとることになる、広島大学の三浦正幸教授だ。

原爆、被爆の伝言、そして封印

昭和二十年八月六日午前八時十五分、広島に原子爆弾が投下されて、市の中心部は一瞬にして破壊された。そしてすさまじい炎が町をおおった。市内の建物のほとんどを占める木造建築はことごとく焼き尽くされた。

伝言が見つかった広島市立袋町国民学校西校舎は鉄筋コンクリート三階建て。爆心地からわずか四百六十メートルの地点にあって、かろうじて焼け残った。付近で残ったのは、もっとも堅牢な造りで知られる日本銀行、それに明治生命などいくつかの保険会社のビル。数えるほどしかない。西校舎は、昭和十一年に建てられた、最新の設備を誇る建物だった。地上三階地下一階、水洗トイレ完備のモダンな建物は、当時の小学生たちの自慢だったという。

鉄の窓枠は校庭に吹き飛ばされ、床や黒板や壁の木材は焼き払われたので、残ったのは「打ちっぱなし」のコンクリート部分だけだった。

しかし雨露を防げる建物はなにしろ貴重だったから、校舎は原爆が落とされた直後から臨時の救護所となった。重傷を負った人々が次々と運び込まれた。横たわる人の中に知り合いはいないか。探している人に関する情報はないか。行方知れずの人の消息を求めて多くの人が訪れたと考えられる。

校舎の中の壁は、廊下や壁に張られていた松の板材が焼けた時の煤で真っ黒になっていた。床にはチョークが転がっていた。伝言は、この真っ黒なコンクリートの壁面を黒板代わりにして、白いチョークで書かれた。

建てられてまもないため表面に凹凸が少ないコンクリート面にチョークで伝言が書かれたこと。それが伝言が保存されることになった重要な「条件」だったと三浦教授は指摘する。

さらに「好条件」が重なる。伝言の文字は、書かれたあと校舎が補修されるまでの間そのまま放置された。書いた人の気持ちを考えれば、消してしまうには忍びなかったのかもしれない。

ところでチョークは、書いてすぐなら少しさわっただけでも消えてしまうのに、しばらく置いておくと消せなくなる。黒板の端に書かれたままの先生の名前などが、年度の変わり目に消そうとすると、いくらこすっても消えなかったという経験はないだろうか。これは、チョークの主成分の石灰（硫酸カルシウム）が、空気中の水分を吸って変質するからだ。化学変化を起こしてできた結晶（炭酸カルシウム）は非常に硬い。チョークの伝言が放置されたこと。これが、伝言が保存されることになった第二の条件である。

戦後、校舎の補修で壁が塗りなおされた時期は定かでない。一番早くても、校舎で授業を再開するため、救護所が閉じられた昭和二十年の十一月以降。本格的な補修は、昭和二十二年十二月に天皇が小学校を訪れることになった少し前に行われたと言われている。いずれにせよ放置期間は数カ月以上。チョークが固まるのに十分な時間があったことになる。

では補修はどのように行われたか。古い壁の上に新しい壁を塗る場合、普通は新しい漆喰《しっくい》ののりがよくなるよう、いったん壁を洗い流してから塗るようだ。どれくらい丁寧に洗い流すか。それは、職人の几帳面さと工事の緊急性による。

補修工事が天皇訪問に合わせて行われたとすればかなり急いだと考えられ、チョークが丁寧にはがされなかった可能性は高くなる。また黒板のように、コンクリートの上に板壁を張る場合はそもそも洗い流す必要もない。

壁を洗い流したとして、こびりついたチョークをそぎ落とすのはかなり面倒だ。しかもチョークのついたところはもともと白いから、煤を洗い流して白くなった壁の中で、白いチョーク

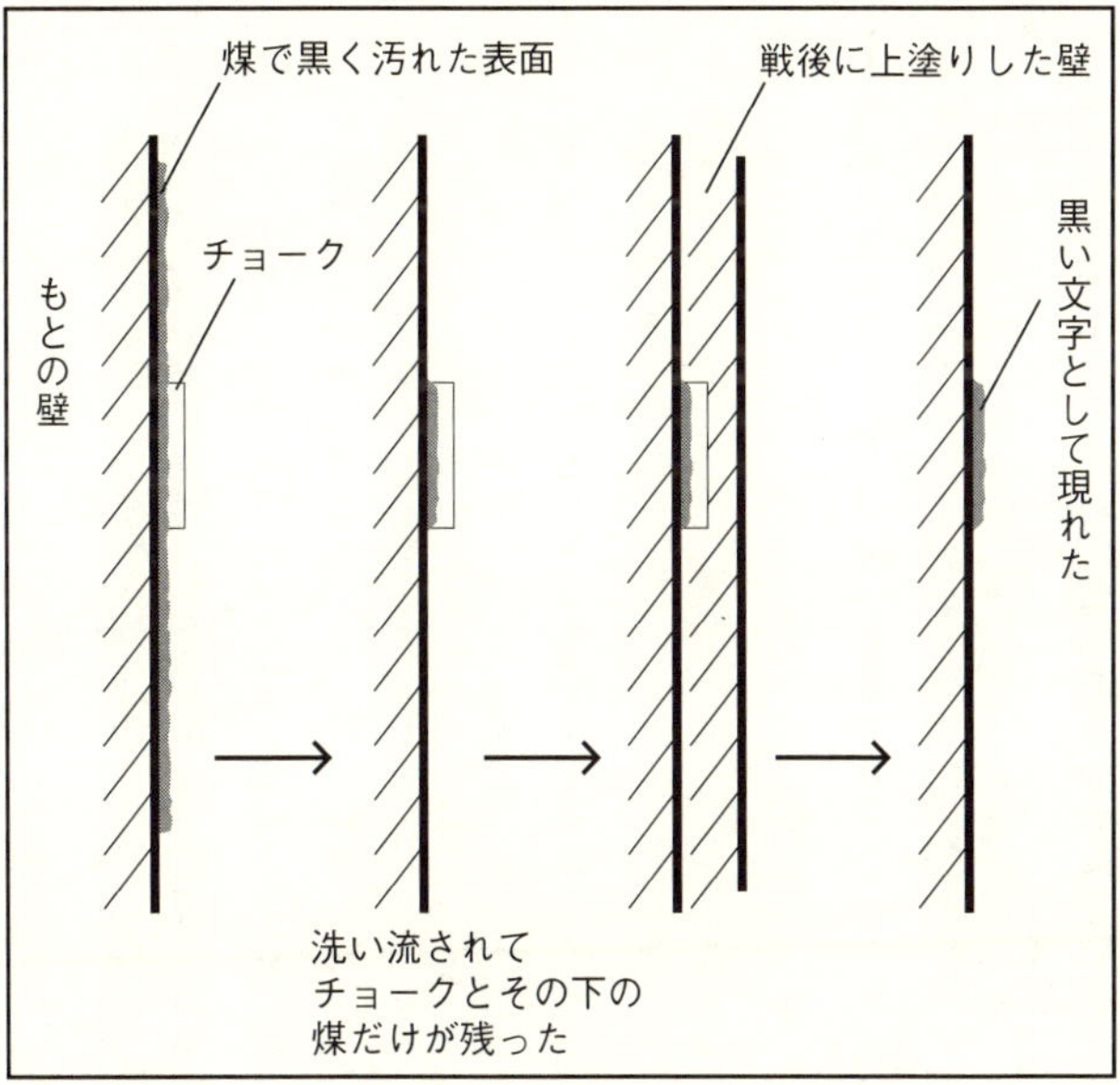

煤けた壁にチョークで書かれた跡が黒い文字として現れた

はそんなに目立たない。少し盛り上がっているだけで、塗りなおしに支障もほとんどない。

ここで注目すべき点は、チョークが残った部分の「チョークの下の壁」は黒いということだ。チョークが壁の煤を、その部分だけ保護したことになる。五十数年後、偶然はがれた壁の下から現れた文字が黒かったのは、文字の形にチョークが守った煤が現れたからだ。ちなみにチョークそのものは、はがれ落ちた壁にくっついて、取り除かれた。これが、チョークで書かれた伝言が保存され、白黒逆転して現れたメカニズムだ。

伝言文字保存のメカニズムを解き明かした三浦教授自身、結論から過程を推論しただけで、伝言がひょっこり姿を現すまでそんなことは想像もしなかった。こんな文字の保存方法を、いったい誰が思いつくだろうか。

調査開始

「被爆の伝言」が発見された年の夏、新聞、テレビなどのマスコミは、この話題を大きく取り上げた。報道をきっかけに、あの日以来会えずにいた、伝言を書いた教師と、伝言に書かれた教え子が五十数年ぶりに再会するというニュースが話をさらに盛り上げた。建物そのものの永久保存を訴える声、そしてほかにもまだ伝言があるのではないかという声が沸きあがった。実際、戦後すぐに校舎を訪れた多くの人の記憶から、校舎のほかの場所にも伝言は書かれていたようなのだ。同じように壁の下にひっそりと眠っていても不思議はない。

校舎の建て替えを進めていた広島市教育委員会は、当初の計画の見直しを余儀なくされた。校舎の一部を保存するという新校舎の設計変更、そして取り壊しの前に伝言を見つけるための調査を行うことが決定された。戦後に塗られた壁をはがして文字を探すという前代未聞の調査である。

教育委員会の文化財保護、施設管理の担当者と三浦教授の間で、壁をはがす方法が検討された。作業者には、ひごろ遺跡の発掘などをしている市民が選ばれた。スプーンや刷毛《はけ》で遺跡の地層面を探りあてる慎重さが、壁と壁の間にはさまった文字の発見に必要だとの判断だった。

平成十二年一月二十六日、調査開始。かなづちやくぎ抜きの背で、力を入れず何度も何度も壁をたたく。しばらくすると戦後塗った壁が分離して浮き上がり、さらに細かくたたいていくとぼろぼろはがれ落ちていく。

新しい伝言は実際どれくらい見つかったのか。結論から言えば、壁の塗りなおし工事は思ったより丁寧だった。壁を塗った場所で新たに文字が見つかったのは、最初の場所の近くにもう一カ所。板壁を上から張ったところで数カ所。そのうち伝言がまとまって見つかったのは、一カ所だけだった。

これを多いと見るか、少ないと見るか。伝言を校舎のあちこちで見たと記憶していた人にすれば、もっとあったはずだという思いは強いだろう。しかし、もともとすべて失われていたと考えられてきたことを思えば、成果は大きかったと見てよいのではないか。そして、この発見がもたらした反響を見れば、なおさらだ。

考えさせられたのは、むしろ数の多さうんぬんではなく、五十数年という時間を超えて出てきたことの意味だった。

もし戦後すぐに見つかったとしたらどうだろう。あの日を生々しく語れる被爆者が大勢いて、被爆した建物や遺物もまだ市内のあちこちに残っていた時なら、これほどの大騒ぎになっていなかったのではないか。そもそも壁をはがす調査など行われなかったかもしれない。市内に残る被爆建物がわずかになり、被爆体験の風化が叫ばれる二十世紀の終わりだから、これほど注目されたのだ。

そう考える時、残されていた被爆の伝言の多さ少なさ、その意味の大きさは、その伝言がいかに「あの日の実相」を物語るものであるかにかかっているということにあらためて気づかされる。

伝言の関係者を探し出し、伝言に書かれたことの意味を探る取材を進めていくにつれ、私はさらに半世紀後の発見のもうひとつの意味を思い知った。

伝言を書いた本人はほとんど亡くなっている。しかし伝言を見れば、それが何を意味するのか、どんな事情で書かれたのかわかる家族や関係者がかろうじていた。彼らの話から、伝言が書かれたいきさつや込められた思いをたどることができた。だがもし発見があと十年遅かったら、伝言のほとんどは「消息不明」「意味不明」の文字のままだったと思われる。

伝言が発見されたタイミングまでもが「奇跡的」だったのだ。

無限に連鎖する「あの日」

あなたは今広島の雑踏に立って、半世紀前の「あの日」を思い浮かべることができるだろうか。原爆であたり一面焼け野原になり、地獄のような光景が広がっていたことを想像できるだろうか。東京から転勤で広島に赴任した私には不可能だった。私は赴任直後から、次の年の八月六日の原爆の日に放送するスペシャル番組をつくるために、あの日をたどる取材を始めた。

被爆者の話や姿、被爆直後の写真、資料館に展示されている黒こげの弁当箱やぼろぼろの衣服。断片を自分の中で張り合わせてつくったものが本当にあの日の広島なのか、とうてい自信は持てなかった。

しかしその一方で、人間は人の手によって書かれた単なる「記号」から多くのことを感じ取り、感情や情景までも思い浮かべることができる。様々な記号の中でも、「文字」はその最たるものだ。

私は中華五千年の至宝を集めた「故宮博物院」の取材でそのことを学んだ。故宮文物の中でもっとも貴重とされるのは「書」である。書は、字を書くのがうまい人の手紙などを後の人が名品として蒐集《しゅうしゅう》したことから始まった。やがて書は、絵画や陶磁器、宝石をちりばめた王冠や衣服などよりも高い芸術性を持つものとされるようになった。歴代の皇帝たちは特に珍重し、威信にかけて蒐集した書の逸品をいつもかたわらに置き、飽かず眺めたという。

紙の上に墨で書かれた字にどんな芸術性があるのか。豪華さも使われる素材の貴重さもない。だが、作者の感情や思い、美意識や思想、そして人生の機微までもが鮮やかに写されている。それが芸術だというのだ。だから作品の価値は必ずしも筆の運びのうまいへたによらない。逸品中の逸品とされる書の多くが、意外なほどゆがみ、傾き、乱れている。その乱れ方に「人間」があふれている。だから何度見ても何時間見ても、何千年後の人が見ても飽きることがないのだ。

話を戻そう。原爆の直後、愛する人の行方がわからず、必死で探す人が書いた伝言の文字には、何が写されているのか。発見された伝言を取材者として初めて見た時、私は正直途方に暮れた。貴重な原爆の遺物であるという意味で迫力は感じた。しかし何が書いてあるのか文字を追うのさえ容易ではない。どこからどこまでがひとつの伝言なのかもわからない。名前はいくつか読めるが、書いた人の名前なのか、探している人の名前なのかもわからない。その人がその後どうしたのかはもちろんわからない。次から次へと疑問が湧いてくるばかりだった。

しかし取材が進み、家族などの関係者が見つかって、彼らと一緒に書かれた文字の前に立った時、驚くべきことが起こった。彼らはいとも簡単にそのかすれた文字を読み、「ああそうだったのか」とつぶやいた。そして涙を流した。

それを横でききながら私は、もう一度、その文字を眺めた。涙が出た。

書家でもなければ芸術家でもない人が書いた、しかもただ人を探すという目的のために書いた、文章とも言えない文字が、人の心をこんなに揺さぶるのか。半世紀の時を超えて、伝言の文字の中から「あの日」があふれ出た瞬間だった。

そして伝言に刻まれた「あの日」のことは、その話をきいた多くの人々に伝わっていった。

伝言のある場所に、直接には関係ない人々が集まってきた。人々は文字の前で口をつぐみ、立ち尽くした。伝言のあの日が伝わっていく無限の連鎖は、今も続いている。

「被爆の伝言」。それは現代の私たちに、あの日のことを静かに、力強く語ってくれる遺産であり、証人なのである。

第一章　写真家が見たヒロシマ

写真家・菊池俊吉

「被爆の伝言」が発見されるのに、一枚の写真が大きな役割を果たしたことはすでに述べた。

写真を撮ったのは、菊池俊吉さんという写真家である。大正五年岩手県花巻町（現・花巻市）生まれ。当時はフィルムの確保がまず大変で、軍の委託による仕事を数多く引き受けていた。日本の戦闘機や軍艦などの撮影、満州の町の撮影などで国の内外を飛び回っていた。

原爆が落とされた広島の撮影を文部省から依頼されたのは原爆投下直後の昭和二十年の夏の終わり。菊池さん自身は平成二年に他界されていたが、その時菊池さんと一緒に東京から広島を訪れた写真家の林重男さんに話をきくことができた。

原爆の惨状を記録するチームに加わってほしい。しかし、広島に落とされた爆弾は、人体に悪い影響を与える「放射能」というものを撒き散らしており、広島に入った人にも影響が出る可能性がある。そのことを納得した上で、参加してほしい。そう切り出され、林さんは正直迷った。奥さんのおなかには新しい命が宿っていたからだ。放射能におかされた体に何が起こるのか、詳しいことはよくわからない。生き残った被爆者が「原爆症」と呼ばれる特異な症状で次々と倒れているといううわさは耳に入っていた。

しかし林さんは行くことにした。写真家としてこの重大な事実を記録せずにはいられなかったのである。

「放射能の影響のことは妻には言えなかった」

普段大声でまくしたてるように話す豪放な林さんが、そう語る時、突然言葉を詰まらせた。

菊池さんは当時独身だったが、戦後結婚した奥さんには、やはり多くを語ってはいなかった。

広島の焼け野原を、九州に上陸した枕崎台風の暴風がバラックをなぎ払って通り過ぎていった後の十月一日、菊池さんと林さんは、広島で撮影を開始した。

撮られていた伝言

ところで、菊池さんの写真には、どんな伝言が読み取れるのか。階段の踊り場から少しのぼったところまでの壁面に、横一列に六つの伝言が見える。

向かって一番右。階段をのぼる途中の伝言。

〈お願ひ
土井佑子

本校（五年生）
安藤先生
川原軍一方
土井ヤエに
お知らせ
下さい
大手町内会に
お問合せ下さい
母　土井シヅ〉

母が五年生の娘を探す伝言のようだ。

〈加藤先生
本校高二（八月十六日）
三好登喜子
奥海田国民学校デ

よく知られていた菊池俊吉氏撮影の「被爆の伝言」の写真

死亡致シマシタ　父　三好茂〉

娘の死を加藤さんという先生に報告する伝言のようだ。高二とは、国民学校の高等科二年のことで、今の中学二年にあたる。

〈本校一年生
荒木絹枝
生死不明
市内南観音町三六〇
東鑵寮内
母　荒木キミヨアリ
オ知ラセヲ乞フ〉

母が娘を探す伝言。五行目の「寮内」が、壁が偶然はがれ落ちて最初に見つかった文字である。

〈八月十二日

木村先生来校
皆様によろしく
との伝言あり
加藤〉
今度は加藤先生が、木村さんという先生が来たことを知らせる伝言のようだ。

〈小林校長　八月十七日　加藤
戦災死（八月九日）
郷里ニ於テ〉
これも加藤先生の報告。加藤先生は原爆のあとしばらくここにいたようだ。

〈藤木先生へ御願ひ
高一瓢《ヒサゴ》文子ガ火傷シテ
精養軒内ノ治療所デ治療
ヲ受ケテヰマス　ミナシ児デ

広島ニ身ヨリハナク
蒲刈下島三之瀬　桜田方
へ行ク予定デス
二、三日ハ治療所内ニ居ル予定
兵隊サンニモ頼ンデ置キマシタ
カラ何分ヨロシク願ヒマス
金ハ一文モ持参シテ居マセンカラ
ナルベク証明書ノキケル内ニ
帰リタイト思ヒマス　　加藤〉

加藤先生は学校を離れざるをえない事情があり、あとのことを藤木先生に頼んだようだ。

写真の文字はかなりはっきりしており、文意も明快なので、一読して大体の事情はわかる。原爆の直後学校を訪れたのは、児童の家族や先生など、学校の関係者が多かったようだ。しかし、なぜ伝言を残すことになったのか、伝言は伝わったのか、再会できたのか、そういった事情は本人や関係者にあたらなければわからない。

実は私が取材を開始した時点で、この写真について、誰が誰に宛てて書いたのかといった関係者の基本的な取材は中国新聞がすでに終えていた。地元広島にどっしりと腰をおろす中国新聞の原爆取材は、分厚くかつ早い。

私が東京から広島に転勤してきたのは、偶然伝言が出てきた八カ月後の平成十一年十一月。「被爆の伝言」調査が始まるという話に興味を持ち、これまでの取材の結果をチェックし終わって私がまず考えたのは、「中国新聞がつかんでいない何かをつかみたい」ということだった。

写真家をあたれ

年明けには壁をはがしての調査が始まる。そのことを伝える記事やニュースはそれなりに出ていたが、中国新聞を含め広島のマスコミ各社はその実それほどこの話に興味を示していなかった。あまり期待していなかったのである。八月の原爆の日に合わせて大騒ぎしたものの、ほかにも伝言が残されている可能性がはたしてどれくらいあるか。また少し出てきたところで、きわめて読みにくい「字の痕跡」のようなものを解読できるのか。最初に出てきた文字が読めたのは、解読のもととなる写真が残されていてこそのことだった。

当時ほかにも伝言があったとすれば、それを書き残した人はいないものか。私はあてもなく原爆資料館を訪れた。

取材の趣旨を説明して、まずはいろいろな写真を見せてもらった。広島に来てまだ日の浅かった私はそれまで資料館に展示してあるものくらいしか見たことがなかったので、ひどい火傷《やけど》を負った人々などを撮った写真にショックを受けた。

写真のファイルを繰っていくと、例の伝言の写真もあった。さらにページを繰ると、似ているが違う写真がある。担当の方にきくと、それも菊池さんの撮った写真ではないかとのこと。その時撮った伝言の写真は実は一枚ではないようなのだ。同じく袋町国民学校で撮ったものなのか。だとすれば写真は全部で何枚あるのか。

私は早速写真家の家を訪ねてみることにした。

東京郊外の住宅地に菊池さんの家はあった。奥さんの徳子さんが丁寧な口調で出迎えてくれた。

この件で自宅まで訪れた取材者は私が最初だった。このごろ例の写真を焼き増ししてほしいという注文が殺到して、何度も現像所に通っているという話をきいた。しかし「そのほかの写真」についてきかれたことはない。そんな思いもよらないことをきく人などいなかったのだ。

たび重なる現像の求めに気楽に応じられるのは、ネガの保存に細心の注意が払われてきたからだ。菊池さんは日本を代表する写真家で、残された写真はどれも第一級の貴重なものばかりなのだが、この時広島を撮った写真だけ、わざわざ貸し金庫に預けていたのだ。

「貸し金庫を借りてずっとこれだけ。お金は入ってませんから。このネガだけ入れていたんですね。ほかのネガは入れません」

笑いながらそう話してくれた徳子さんの顔には、控えめながら誇らしい表情が見てとれた。

写真のネガを撮影した順番に焼いて並べた冊子を見せてもらった。撮影直後に菊池さん自身がつくったものだ。十月一日に撮影を始めた菊池さんがまず向かったのは、重症患者が集まっていた病院だった。

十月一日、二日、港に近い陸軍病院宇品《うじな》分院。一日置いて四日から六日、爆心地からおよそ一・五キロにある広島赤十字病院。今も原爆病院の名前をあわせ持ち、被爆者の治療にあたっている病院だ。患者の火傷の状況、治療風景を中心に撮影されている。ケロイドになった顔。放心したような表情。何人かにはインタビューもしたようで、裏面に被爆状況や病状についてのメモもある。外見では重症に見えない患者に原爆症が現れていた。

「火傷ナシ。9・28頃より斑点。発熱9度5分。脱毛」

「受傷10日後より原爆症状現る。中等度の脱毛。歯根出血。出血斑あり。安静療養。1ヶ月後未だ白血球１４００」

　十月六日、広島赤十字病院の看護婦を撮影したカットのあと、伝言の写真が現れる。五枚。あの有名な写真はなく、その一部をアップにしたもの二枚。そして原爆資料館のファイルにはあるが、今まであまり知られていなかった写真が三枚。二カ所の壁が撮られている。

　そのあと、菊池さんは校舎の外に出て、窓枠だけになった窓越しに教室内で行われる治療の様子、中に戻って人々の姿、続いて校舎の外観、「袋町救護病院」と書かれた玄関の立て札を撮影している。袋町国民学校は爆心地から四百六十メートル。焼け残った病院はなく、校舎に病院の名前が掲げられていた。

　これまで知られていなかった写真は、たしかに袋町国民学校の伝言だった。伝言はいくつもあったのだ。

　ところで、あの有名な写真はどこにあるのだろう。冊子の一番後ろに、大判のネガの写真があると徳子さんが教えてくれた。

　大判の写真は計九十枚。ひときわ貴重だった大判のフィルムには、厳選されたカットが並んでいる。死亡患者の臓器。皮膚に残った腕時計のあと。一度見たら忘れられない放心した表情の患者。

被爆直後の袋町国民学校（菊池俊吉氏撮影。下も）

焼け残った校舎は救護病院として使用された

広島赤十字病院を出た菊池さんは、さらに市の中心に向かった。途中今の中国電力本社ビルの屋上にのぼり、熱線が壁面に残した建物の影、焼け野原となった爆心地付近の全景を大判で撮影している。

そのあとに、あの有名な伝言の写真が出てくる。カットは四枚。同じものは露出やサイズを変えて二枚ずつ、多くても三枚しか撮っていない菊池さんが、唯一四カットを費やした被写体だった。

写真家が歩いた二十一日間

菊池さんはそのあとも十六日間、市内のあちこちを歩き回った。冊子に書き込まれた場所を地図に置いていくと、その距離は十キロや二十キロどころではない。限られたフィルムに何を記録するか。菊池さんが選びに選んだ場面である。爆心間近の、軍の施設のぐにゃぐにゃに曲がった鉄骨。火災を免れた町では、爆心から反対方向に四十五度傾いた木造の家屋、数多くの遺体が運ばれた広島湾の似島《にのしま》では、千人の遺体を埋めたという巨大な土饅頭《どまんじゆう》が撮影されている。

林重男さんは、市内の建物などの撮影を担当した。林さんは袋町国民学校には行かなかったが、やはり町のあちこちで伝言を撮影している。跡形もなくなった建物のあとに木の板に書かれて置かれた伝言。橋にくくりつけられた伝言。崩れた壁にくぎで傷をつけて書かれた「健在」という文字。印象的で、撮らずにはいられなかったと林さんは語った。毎日ろくに食べるものがなく、塩をなめながら歩いたそうだ。

この時写真家たちが撮った写真を順番に眺め、広島での二十一日間を追体験していくと、伝言の写真だけが少し異質だということに気づく。そこには原爆の熱線も放射能も火災もない。火傷や原爆症に苦しむ人もいない。それなのになんともいえず目を引くのだ。しかしそれがなぜなのか、その時はまだ気づかなかった。

私は、菊池さんの奥さんに「新たに見つかった写真」を焼いてもらい、広島に戻った。

第二章　幻の姉に出会えた

家族がいる

伝言を撮った写真家に特別の思いがあったとしても、「校舎の壁に書かれた伝言を撮った写真が一枚でなかったこと」は、広島市民、あるいはそれを題材につくった番組を見せられる視聴者にとってどんな意味があるのか。菊池さんの奥さんに焼いてもらった写真を持って広島に帰った平成十二年一月、私は取材者として明確な視点をまだ持てずにいた。

毎年八月になると原爆関連の番組をつくらなければならないＮＨＫのディレクターにとっては、ありがたい発見だ。写真をもとにたどっていけば何か事実にぶつかるだろう。それが原爆に関わることであれば、とにかくすごい話になる。しかし一般の人にとってはどうか。どう考えても資料館にある黒こげの弁当箱や、ぼろぼろの衣服、あるいは原爆ドームの方がわかりやすいし、インパクトが大きいように思える。半世紀も前に起きたことを想像するのに、写真の中の文字はあまりにも抽象的すぎる。

家族など関係者にとってはどうか。近しい人が書いたのだから特別の意味はあるだろう。しかし所詮は伝言だ。遺骨や遺品が見つかったのとはわけが違う。ぼんやりとそんなことを考えながら、取材を進めていた。

一月二十六日、袋町小学校で壁をはがして伝言を探す調査が始まった。私たちはその日に合わせて、伝言を撮った写真がほかにもあったことをニュースで報道し、内容を詳しく紹介して情報の提供を呼びかけた。

反応はすぐにあった。小学生の子供を失った親がつづった手記を集めた文集に、伝言に書かれた名前と同じ名前があるというのだ。

子供の名前は「西京節子」だった。

写真の伝言はどう書いてあるのか。かなりくせの強い字で、広島の地名などに詳しくない門外漢の私には、初見ではとてもすらすらとは読めなかった。当時の地名なども調べながら読み進めた。

〈京節子
新川場町
西京一夫ノ長女
本校一年生
生死不明

左記に知セ下サイ
市内尾長町片河十一組
掛川浅雄方〉

最初の行の「京節子」の上には、写真では切れているが、「西」の字があったと考えられる。文面から、二行あとにある「西京一夫」の長女が「節子」さんにあたると推測できるからだ。袋町国民学校一年生の西京節子さんを探す伝言と読める。

伝言の横には、あとから書き加えたのだろうか、横に矢印を引いて「母アリ」とある。わざわざ目立つように書いてあるのはどうしてなのだろう。字面《じづら》は追えても内容までは追えない。読み解くには関係者の証言が不可欠だ。

「西京節子」さんを悼む手記があるという情報をくれたのは、被爆建物の保存運動をしている、元教師の楠忠之さんだ。手記を書いたのは節子さんの母親の西京豊子さん。消息をたどっていくと、豊子さんはすでに亡くなっていたが、豊子さんの妹にあたる掛川利子さんの連絡先がわかった。私は電話で取材の趣旨を説明し、話をききにいく約束をとりつけた。

取材の前の日、掛川さんから電話がかかってきた。ひとり暮らしなので、姪を同席させたい

「西京節子」さんの消息を探す伝言（菊池俊吉氏撮影）

という。冷え込んだ二月四日の朝、戦後バラックを取り壊して建てたという県営アパートを訪ねた。

「主人を見直した」

いくつもあるアパートのどれだかわからず迷っていた私を、掛川さんの姪の字室《じむろ》礼子さんが下まで降りてきて出迎えてくれた。笑顔で「どうもご苦労さまです」と言われた。原爆の取材は思い出す内容があまりに辛いため、歓迎されないことも多い。意外な感じがした。

掛川さんの家はアパートの十階。畳は古いがほこりひとつない。礼子さんが、おいしいので買ってきたというお菓子をいただきながら、お話をきいた。掛川利子さんは、節子さんの叔母にあたり、今では生前の節子さんを知る唯一の親族である。字室（旧姓西京）礼子さんは戦後生まれで、姉の節子さんのことは話でしか知らない。

ふたりとも伝言のことは今回初めて知った。伝言は掛川利子さんの夫で西京節子さんの叔父にあたる掛川浅雄さんが書いたものに間違いないだろうとのことだった。

伝言にも出てくる節子さんの父親の一雄さん（一夫は浅雄さんの覚え間違い）は出征中。母親の豊子さんは勤務先の市役所で被爆し重症。市内の中心、新川場《しんせんば》町の西京の家にいた祖父の金次郎さんは自宅で被爆し、翌日死去。利子さんは、市の中心から少し離れたところに家があったため無事だったが、身重だった。家族の中で唯一体が動いた叔父の掛川浅雄さんが、家族の消息を探す役目を負った（その浅雄さんも足を負傷し、一年近く膿《うみ》が止まらなかったそうだが）。

利子さんは、生前浅雄さんからきいた話をしてくれた。

原爆投下翌日の八月七日、浅雄さんは火の手がおさまった市の中心へひとりで向かった。町の中心部へ入ろうとしたが、道は散乱した瓦礫《がれき》などでふさがれていて、片付けをしながら目的地を目指した。

まず向かったのは節子さんたちの家。瀕死の重傷を負った金次郎さんを見つけたが、リヤカーで運ぶ途中息絶えた。祖父と共に自宅にいた節子さんの弟の紘一さんは即死だった。ふたりを大きな木の下で焼いたあと、市役所に出勤していたはずの豊子さんを探した。病院に運ばれたようだという話をもとに探した結果、重傷を負った豊子さんを収容先の広島赤十字病院で見つけ、自宅に連れ帰った。袋町国民学校に節子さんを探しにいったのは、そのあとだった。遺体も遺品も見つけることはできなかった。

浅雄さんはその後も、繰り返し学校を訪れていた。実は、被爆の数日後に偶然会った節子さんの同級生の親から、原爆が落ちた直後、校庭に立つ節子さんの姿を見たという話をきいていたのだ。もしかしたら即死でなかったのかもしれない。どこかで生きているのかもしれない。浅雄さんはほんの少しの可能性にかけたかったのだろう。金次郎さんや豊子さんを助けるのに時間がかかり、学校に行くのが遅れた後悔もあったのかもしれない。実際、被爆直後学校に駆けつけた人たちは、校庭に倒れた児童たちを見ている。

浅雄さんが学校に行った時、校庭の遺体はすでになくなっていた。遺体がどこかに運ばれてしまったのか、それとも生きてどこかへ逃げたのか、それはいまだにわからない。そもそも節子さんが本当に校庭に立っていたのか、もう一度確かめようにも、そう話してくれた同級生の親もまた、数日後原爆症で亡くなっていた。火の手が迫る中、家の下敷きになったわが子を助け出すことができず、その場を去らなければならなかった悔しさを最後まで語っていたそうだ。

利子さんは、夫が伝言を書いたという話はきいたことがなかった。しかし八月の暑さの中、何度も何度も学校に通っていた浅雄さんの姿を見ていた。だから伝言を書いた時の夫の気持ちは手に取るようにわかった。なつかしい筆跡。字から感じられる力の入れ具合などに、家族でなければ読み取れないものがあった。

私が持参した伝言の写真を手に、利子さんは涙ぐみながらこう言った。

「主人はとっても字を書くのが好きでないんですよ。主人がね……、ペンを持つことがほとんどないような人だったのに、一生懸命書いとる。そのあとがね。主人の人間というものをあらためて見直させてもらったです」

利子さんは、名前と連絡先以外「知セ下サイ」としか書かれていない伝言に「メッセージがこもっている」と感じた。そして「あらためて主人に感謝したい気持ちになった」と涙ながらに語った。

利子さんの涙は、あの日の悲しみを思い出して流したものではなかった。あの日、家族が家族を必死で探したことの感動、家族の人間としての素晴らしさを実感できた喜びで流したものだったのだ。

「お姉さんに出会えた」

この日の取材に同席した節子さんの妹の礼子さんは、どんな気持ちで伝言の写真を見たのか。

礼子さんの発した第一声は、

「ああ、お姉さんに出会えた」

だった。見たのは文字なのに、姉に出会えたとはどういうことなのか。

礼子さんは原爆の四年後に生まれた。だからもちろん姉に会ったことがない。誕生日が節子さんと同じで、みんなによく節子さんの生まれ変わりだと言われた。しかし、だからといって家族の会話に節子さんの話がよく出てくるわけではなかった。母親の豊子さんは、特に節子さんの話をしたがらなかった。節子さんのことを思っていなかったからではなく、あまりにも深く思っていたからだ。

豊子さんは毎年原爆の日が近づくと、引き取り手のない原爆死没者の遺骨を納めた供養塔の前に張り出される名前を必ず見にいっていた。もしかして消えてしまった娘の消息がつかめないか。礼子さんはそんな母の姿を見て育った。

「亡くなった子に対する母親の思いは、表情とか、そういうものからいつも感じてました。だから見たことはない姉だけれども慕ってたんです。今いてくれたらなあ、今いてくれたらなあって。ずっと気持ちの中にありました」

いつも心の中にある姉の存在。しかし目に見えるかたちでそれを示すのは、数枚の写真と思い出話、それにお骨の入っていない墓くらいしかない。ところが伝言が出てきた。五十数年前、叔父が節子さんのことを探して書いた文字が目の前に現れたのだ。

礼子さんにとって伝言は、自分の中でどうしても像を結ばなかった節子さんが、たしかに存在したという証《あかし》だった。その実感が礼子さんに「お姉さんに出会えた」と言わせたのだ。いまだに遺骨もない残された家族にとって、伝言はそれほど重い「遺品」だったのだ。

家族の思いを届けた伝言

礼子さんが受け継いだ母親の思いとはどんなものだったのか。取材のきっかけになった手記に母豊子さんの思いがつづられている。題は「ひとめ会いたかった」。

〈なんどか筆をとりました。でも、どうしても書けないのです。いいえ、いくら思い出してもわからないのです。

当日、八月六日の朝、私は市役所に出勤していて、ちょうど早出の番にあたっていて、節子が登校する前に家を出ましたので、節子がどうなったのか、ほんとうにわからないのです。

(中略)

どんなにか熱かったでしょう、母がいなくて淋しかったでしょう、それのみが心をはなれず、胸の中がかきむしられるようです。私は、二人の子供と父親を亡くしながら、だれの死顔も見ていないのです。私だけではない、多くの人がそうだったろうと思います。でも、一

目でいいから、わが子を抱いてやりたかったと、いとおしくていとおしくて、それのみ心に残ってはなれません〉

全身に割れた窓ガラスを浴びた豊子さんは、立てるようになるまで二カ月かかった。傷が癒えてから、豊子さんは学校へ何度も足を運んでいたようだ。節子さんを探す伝言は見ていた。手記の記述にそうとれる表現がある。

〈私も、市役所内で被爆し、重傷で一夜日赤に野営し、翌日親類の者がさがしに来てくれて、つれてかえってもらいました。

そのとき、節子の姿を求めて、袋町の学校へ行ったそうですが、もう何もなかったとのことで、階段のところへ「西京節子、居所知らせ」と、ながい間書いてあったのを覚えております〉

しかし、豊子さんは家族に伝言のことは語らないまま亡くなった。伝言を書いた叔父の浅雄さんも語らなかった。当時の状況を知る当事者にとって、伝言はむなしいものでしかなかったのだろう。伝言を見て節子さんが帰ってきたわけでもなく、寄せられた情報もなかった。結局なんの役にも立たなかったのだ。

しかし、残された家族にとって伝言の意味は違った。礼子さんも伝言に叔父の人間を見た。原爆直後の混乱の中でも、危険をかえりみず家族を探した愛情を見た。

「よう叔父ちゃんはこうやって探しにいってくれたんだねと思ってね。うれしかったですよ。こうやって探しにいってくれた人がいたんだよって、なんか伝えてあげたいような、教えてあげたいような気にもなりましたし、ひとりではなかったんだ、ちゃんと家族のものが、親戚のものが心配して探しにいったんだよって言ってあげたいような気持ちも起こりました」

五十数年後によみがえった伝言は、残された家族へのメッセージという、別の伝言を届けたのである。

おいしいお菓子をいただきながら、話は節子さんの思い出話に移っていった。

一年生の節子さんは、陽気でにぎやかな女の子だった。母親が市役所に勤めていて相手をしてくれる人が少なかったので、いつもひとりで遊んでいた。自分ひとりでおしゃべりをするのが上手で、誰かと話しているのかと利子さんがのぞくと、ひとりなので驚いたという話をしてくれた。

あとになって豊子さんがぽつりと言った話もしてくれた。原爆の落ちる前の日の夜、節子さんは、叔母さんの家へ行きたいと言ったのだそうだ。また今度ねと言って寝かしつけたのだが、もしあの時連れていっていればと、悔やみ続けたそうだ。

利子さんは、当時のことを実に克明に覚えていた。家族にとってあの日は決して遠い昔ではない。

新たな写真が発見されたという新聞記事を見た翌日、礼子さんは袋町小学校に駆けつけた。伝言が壁から見つかったと勘違いしたのだ。しかし写真が撮られた壁がどこなのかさえ、まだわからなかった。

もし伝言が実際壁から出てきたらどうしますか。私の問いにふたりはしばらく顔を見合わせたあと、同じことを言った。

「さわってみたい」

私はこの日きいた話で、取材を進める「羅針盤」を得たような気がした。ほかの伝言についても、関係者を探そう。伝言のことを知らない家族に届けよう。取材は続いた。

第三章　児童を探した教師たち

「藤木訓導住所」

新たに見つかった写真はもう一枚ある。まず目に飛び込んでくるのは簡単な地図、そしてその住所だ。

〈藤木訓導住所〉

訓導とは、今で言えば「教諭」。藤木先生の住所と地図である。居所を知らせたかったのはなぜか。そこへ行った人がいるのか。伝言は役に立ったのか。書かれた地図を頼りに行ってみることにした。

目印になっている小学校と高校は、名前は変わっていたが今もあった。しかし目指す家はなかなか見つからない。昔からそのあたりに住んでいる人を何軒も訪ね歩いた。

爆心地から三キロ。屋根が吹き飛んだり、家が傾いたりはしたが、壊滅というわけではなかった。実際戦前の家がいくつか残っていた。

火の手はすぐ近くまで押し寄せた。原爆で爆風が駆け抜けたあと逆流する空気の流れによっ

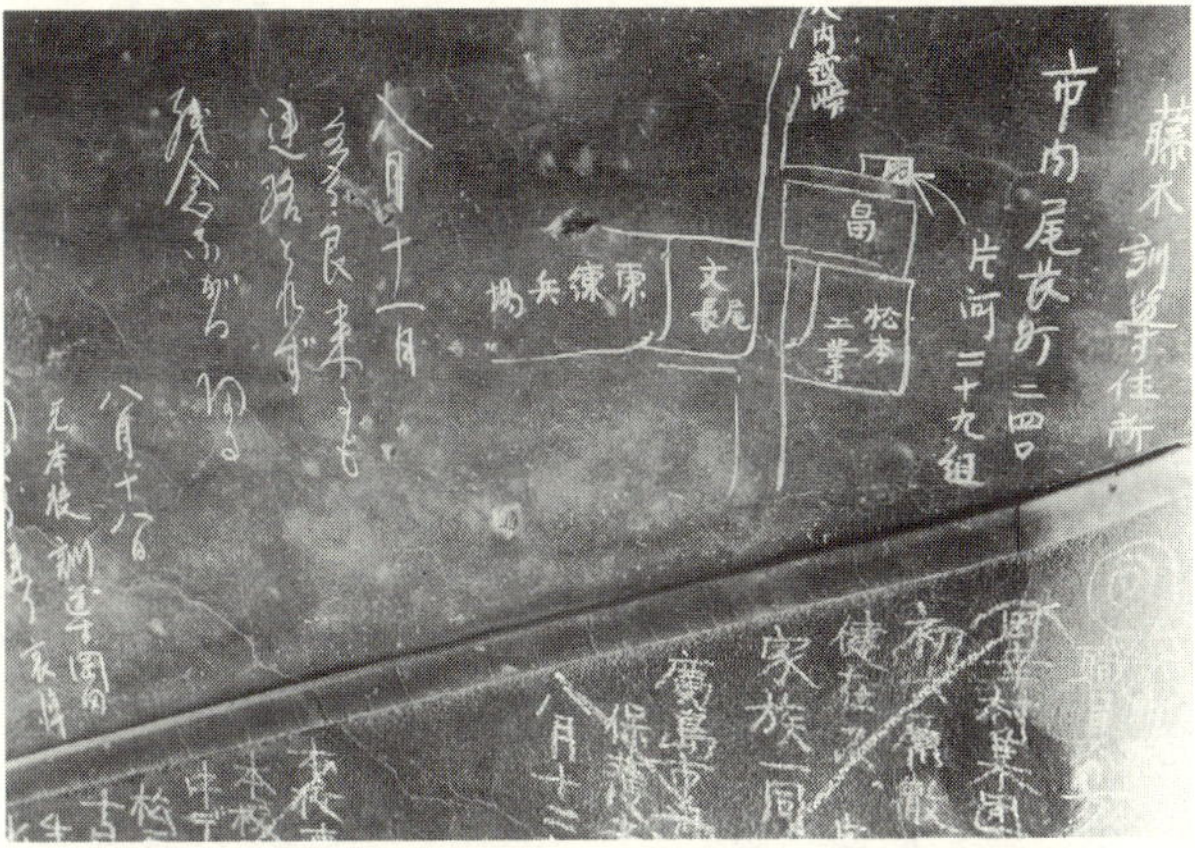

「藤木訓導住所」とその地図の書かれた伝言（菊池俊吉氏撮影）

て起きる「火事嵐」と呼ばれるすさまじい火事だった。この火事嵐は人々をパニックに陥れた。市の中心部から目をおおうような姿の人たちがものすごい数逃げてくる。峠へ向かう道は、死体でいっぱいになった。このあたりの住民も家をいったん捨て、われ先に逃げた。

多くの家が焼け、道も戦後に付けなおしたところが多く、目的地はなかなか特定できない。しかし戦前から同じ場所に住んでいる人もいて、藤木先生の家が見つからないのは不思議だった。本当にここに住んでいたのだろうか。

そうこうしているうち、藤木先生に関する情報が入ってきた。藤木さんは広島市の人ではなかったという。住所を教えてもらい、早速訪ねてみることにした。

駆けつけたものの

広島駅から新幹線で三十分。駅から車でさらに三十分。藤木喬《たかし》さんは、広島県福山市熊野という山あいの集落にひとりで住んでいた。八月六日原爆が落ちた日もこの家にいたという。学校は八月になっても毎日児童を登校させていたが、先生は交代で夏休みをとろうということになった。すでに召集令状を受け取り、九月に出征することが決まっていた藤木さんが一番先に休みをもらうことになった。実家にひとりで暮らす母親の顔を見に帰っていたその日、原爆が落ちた。

あの伝言は先生が書いたのですかと尋ねると、違うと言う。見たこともない。写真を見て初めてこの伝言のことを知った。そもそも自分の連絡先を伝えるのに「藤木訓導住所」とは書かないでしょうと言われ、なるほどと思った。自分を呼ぶのに普通「先生」はつけない。

では袋町国民学校には行かなかったのか。もちろんそうではない。広島に大きな爆弾が落ちたというニュースをラジオでき、翌朝一番の広島行きの汽車に乗った。汽車は広島駅まで行けず、手前の駅で降りて歩いた。まず広島の自宅へ行き、妻と子供の無事を確認した。伝言に書かれた住所は正しかった。

午後になっていた。藤木さんはゲートルを足に巻き直し、学校を目指した。途中、大火傷を負って郊外に逃げる同僚の先生に会い、学校の様子をきいた。藤木さんの次に夏休みをもらったその先生は、休みの初日実家へ戻る市街電車の中で被爆した。

焼け野原の瓦礫をかきわけて袋町へ向かった。木造の校舎は燃えて跡形もない。鉄筋コンクリート建ての西校舎だけがぽつんと立っていた。いつも子供たちのにぎやかな声に包まれている校舎は静寂の中にあった。ガラス窓は吹き飛び、鉄のサッシが曲がって同じ方向に飛び出していた。中には誰もいない。

校庭に出ると児童たちが横たわっていた。ひどい火傷を負い、みな死んでいた。遺体はきれいに並べられていた。亡くなった児童の遺体を生き残った先生が並べたのだろうと思った。校庭の端にある奉安殿という天皇の写真を掲げる場所に、五人ほどの女性の先生が折り重なるようになって息絶えていた。衣服は焼け、ほとんど裸だった。

誰かいないのか。自分にできることはないのか。藤木さんは校舎の中に戻った。そして自分に宛てた伝言を見つけたという。

〈藤木先生へ御願ひ
高一瓢《ヒサゴ》文子ガ火傷シテ
精養軒内ノ治療所デ治療
ヲ受ケテキマス〉

大判のフィルムで撮られた有名な写真に見られる伝言だ。私は持ってきたその写真を藤木さんに見せた。インタビューした時、藤木さんは八十九歳。写真をのぞき込み、懸命にあの日のことを思い出そうとしていた。藤木さんは数年前、軽い脳血栓で倒れている。思い出すのはやはりこの伝言だけだった。ほかの伝言はまだ書かれていなかったと思う。写真を見つめたまま、藤木さんはそう語った。

自分に宛てた伝言を見て、藤木さんはどうしたのか。結論を言えば、引き継いで面倒は見なかった。自分が教えていたのは低学年の子供たちで、高等科にいた瓢さんという児童の顔も名前も知らず、探しあてられなかったと藤木さんは答えた。福山から広島に転勤してきて日が浅く、ただでさえ広島の地理に明るくなかった藤木さんが、焼け野原を右往左往したのは確かだろう。

しかし私はその時、正直冷たいと感じた。瓢さんがその時いたという精養軒という西洋料理店は、学校からほんの百メートルのところにあったことを知っていたからだ。それくらいは行けるだろう。行けば見つかるだろう。しかし、その時の状況がいかに想像を絶するものだったか、私は後に瓢さんの話をきいて思い知ることとなる。

藤木さんは結局、伝言を書いた加藤先生にも、ほかの先生にも会えなかった。途方に暮れた藤木さんは、市役所で生存者の登録をしていることを知って出かけたり、亡くなった知り合いを火葬するのを手伝ったりして数日を過ごしたあと、八月十一日家族を連れて福山に戻った。その後広島に出てきたこともあったが、借りていた家には家を失った別の人が住みついていた。

そんなこともあって、その年のうちに福山の学校に職を得た。以来今まで、藤木さんは広島との関わりをほとんど持たずにいた。

「藤木訓導住所」という伝言を書いたのは誰か。なんのために書かれたのか。それはいまだにわかっていない。

藤木訓導の伝言の横には、別の先生が書いたと思われる伝言が見える。

〈八月十一日
多々良来るも
連絡とれず
残念ながら帰る〉

多々良さんは、藤木さんの同僚の先生で、高学年の児童と共に離れた町に疎開していた。書かれた八月十一日は藤木さんが早朝福山に戻った日だ。多々良さんはその同じ日、壁に書かれた住所と地図を頼りに藤木さんの家を訪ね、しかし会えずに校舎に戻ってきて、この伝言を書いたと読める。藤木さんがあと一日長く広島に留まっていたら。多々良さんが一日早く広島に出てきていれば……。今わかっているのは、誰かが書いたこの伝言はその時役に立たなかったということだけだ。

インタビューの最後、藤木さんはつぶやいた。

「五十何年のちにわかったっていうのは奇跡のようにもありますが……。これを見せてもらって初めて、こういうことがあったと、五十何年ぶりにわかったわけですわ」

八十九歳になって、初めて伝言を届けられた藤木さんは、とまどうしかなかった。


「やっぱり先生だったのか」


加藤さんという先生が藤木さんにあとを託した瓢文子さんは、その後どうなったのか。

瓢さんは今、広島を離れて暮らしている。ひどい火傷を負ったが一命をとりとめ、広島を脱出、そして結婚。偏見をおそれ、家族とごく親しい人にしか被爆のことを語っていない。顔を撮影しないことを条件に話をきくことができた。

瓢さんはその時袋町国民学校高等科の一年生。今で言えば中学一年にあたる。その日は朝から市の中心部で勤労奉仕をしていた。「建物疎開」と呼ばれる家屋の取り壊し。町が空襲を受けた時延焼を防ぐため、木造家屋が密集している場所に防火帯を設ける作業だ。担任は伝言を書いた加藤好男先生。現場で指揮をとっていた。原爆の落ちた八時十五分、瓢さんは青空の下、取り壊す家の屋根にのぼって瓦を降ろしていた。

上空にアメリカの爆撃機B29の飛ぶのを見た直後突然すさまじい閃光《せんこう》を浴び、気絶した。気がついて瓦礫の下から這い出すと、あたりは一面真っ暗で、建物は何もない。次々這い出してきた同級生の姿にまた驚いた。髪の毛がちりちりで顔は真っ黒、衣服はぼろぼろ。自分も同じ姿になっていたが、なかなか気づかなかった。

あちこちで火の手があがり、とにかく逃げた。空襲の時の避難場所とされていた一番近い山、比治山《ひじやま》を目指した。

山の上で一晩を過ごしたが、家族の誰にも会えない。翌朝、瓢さんは絶望的な思いで町に引き返した。そして力尽きた。

生命保険会社のビルの一階、精養軒というレストランの跡に軍がつくった臨時の救護所に横たえられた。瓢さんは顔から肩にかけてひどい火傷を負い、膿み始めていた。激痛で瓢さんは気絶した。

どれくらいたっただろう。自分の名前を呼ぶ声がきこえたような気がした。何かきかれ、何ごとか答えた。しかし瓢さんはまた気を失った。

次に目を覚ました時建物の外に目をやると、向こうに偶然姉の姿が見えた。姉が振り向き視線が合った。姉に連れられて自宅に引き返したが、両親とも亡くなっていた。自宅の近くに設けられた臨時の火葬場で焼いてもらった。遺骨を受け取れないまま広島を離れた。それ以後広島には帰らず、結婚し子供をもうけた。あの日のことは自分の中に封印して暮らした。姉に会う前、自分に声をかけてくれた人がいたことさえ、忘れていた。

一方、加藤先生はあの時どうしていたのか。実は私は直接話をきくことができなかった。加藤さんに何度か面会を申し込んだが果たせなかった。体調を崩していて、もうあの時のことを思い出す気力が湧かないというのが断りの理由だった。

NHKの同僚の取材や関係者の話から当時の状況を知った。

八月六日のその時間、加藤さんは別の用事を済ますため、少しだけ建物疎開の現場を離れていた。自身はそれほど火傷を負わなかった。急いでとって返したが、教え子は誰も見つからない。なぜ自分はあの時子供たちのもとを離れたのか。加藤さんは必死で探した。

翌日、袋町国民学校に近い重傷者の収容場所で、瓢さんを見つけた。家族はどうしたときくと、誰にも会っていないと言う。みなしごになったと判断した。

なんとかしなければ。しかしこの時加藤さんは高熱に襲われていた。一種の原爆症である。

どうしても体が動かない。夏休みをとって福山にいる藤木先生が駆けつけてくれるのではないか。伝言を書くことを思いついた。校舎の入り口に近い壁に伝言を残した。

〈藤木先生へ御願ひ
高一 瓢《ヒサゴ》 文子ガ火傷シテ
精養軒内ノ治療所デ治療
ヲ受ケテヰマス　ミナシ児デ
広島ニ身ヨリハナク
蒲刈下島三之瀬　桜田方
ヘ行ク予定デス
二、三日ハ治療所内ニ居ル予定
兵隊サンニモ頼ンデ置キマシタ
カラ何分ヨロシク願ヒマス
金ハ一文モ持参シテ居マセンカラ
ナルベク証明書ノキケル内ニ

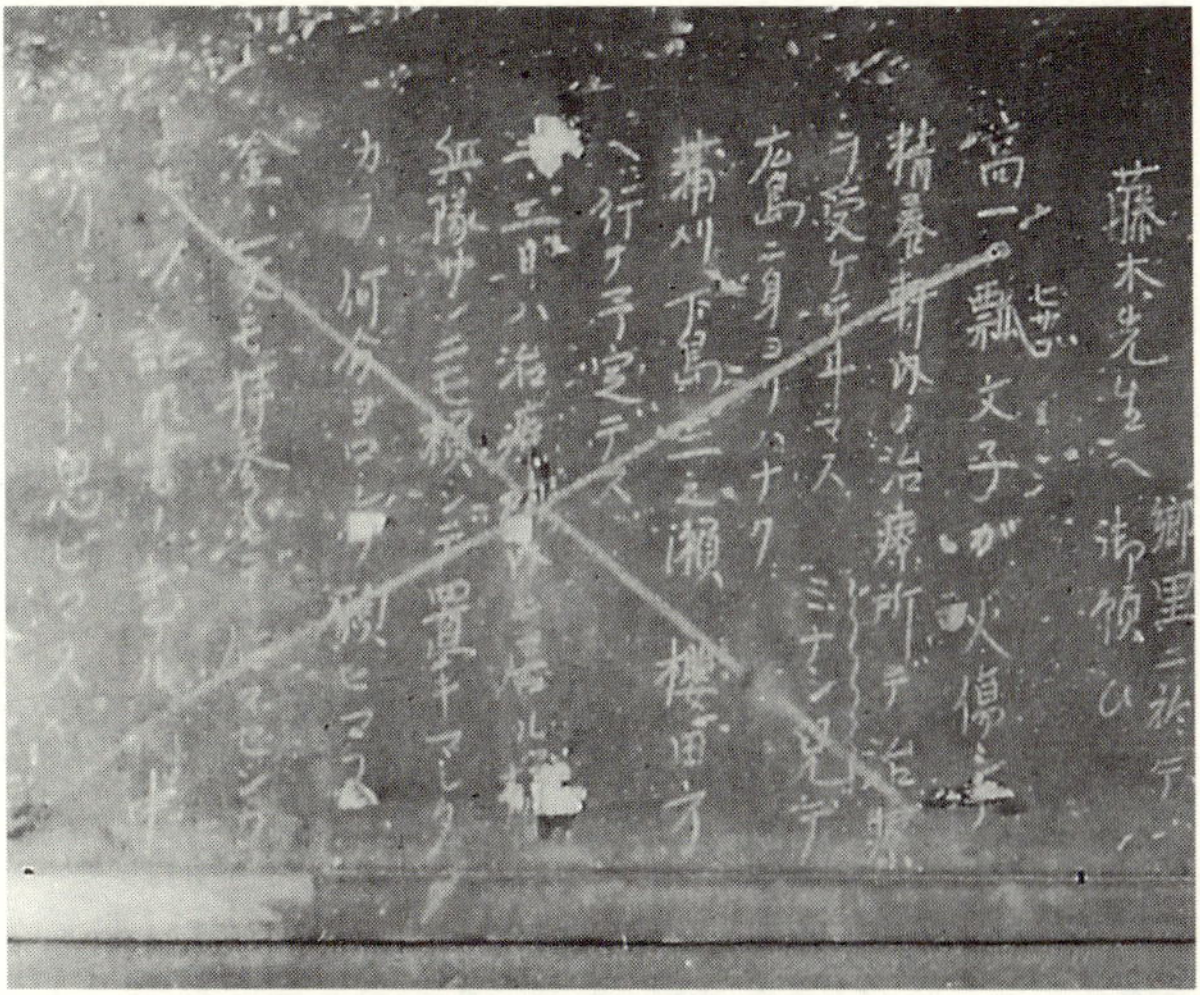

「瓢文子」さんのことを託す伝言（菊池俊吉氏撮影）

加藤さんが、再び立てるようになったのは八月十日。精養軒跡の救護所に瓢さんの姿はなかった。藤木さんは福山に帰る前日。会ってその後のことをきくことはできなかった。

それから五十年余り。偶然はがれた壁の下から伝言の文字が現れた平成十一年の夏、加藤先生と瓢さんは校舎で再会した。瓢さんは、先生の口からいきさつをきいてすべてを理解した。気絶した自分に声をかけてくれたのは加藤先生だったのだ。

あの時のことを知った今どう振り返るか。加藤先生のことに話が及んだ時、瓢さんの声は震えていた。

「やっぱり先生だったのかと思ってね。ずっと探されたそうですよね。でも誰にも会えなくて、やっと会えた子が全身火傷で、一生懸命だったんだと思うんですよね。本当に優しい、いい先生でした。こんな先生もいたんだよって、みんなに言ってあげたい」

原爆の悲しさでもなく、苦しさでもなく、ありがたいという思いで瓢さんが流した涙。思いがけずに受け取ったすがすがしさを胸に、私は瓢さんのもとをあとにした。

ところで、蛇足かもしれないが、以前藤木先生が瓢さんを探しあてられなかったという話をきいた時、冷たいと感じた自分の浅はかさを、この時瓢さんにきいた話から思い知ったことを付け加えたい。

瓢さんが横たわっていた救護所はどんな状況だったのか。ほとんどの人が顔を火傷し、その顔は膿だらけになり、蛆《うじ》がわいていた。顔には目と鼻のところにだけ穴をあけたガーゼがあてられていた。家族や知り合いを探しにきた人が、膿と蛆にまみれた顔を見て気絶するからだったと、瓢さんは教えてくれた。焼け野原の中、目をおおうばかりの惨状をさんざん見て救護所にたどりついた人々が、気絶する状況。それを経験した者でなければ決して理解できない。

あの日の記憶を必死でたどりながら、顔もわからなかったと小さな声で語った藤木さん。気を失っていた瓢さんを探しあてるのは難しかっただろうし、加藤先生に伝えるすべもない。私はそう理解した。

児童たちとの疎開先から戻ってみて

伝言には、さらに別の先生のことを記したものがある。瓢さんの伝言のすぐ右側に書かれた伝言。

〈八月十二日
木村先生来校
皆様によろしく
との伝言あり
加藤〉

書いたのは、八月十日に学校に戻ってきた加藤先生。その後学校を訪ねてくる人々を出迎え、それまでの事情を説明し、やってきた人のことをチョークで壁に記録する役目を引き受けていた。

木村先生は、高学年の児童の疎開先からやってきた。広島が空襲される危険が高まったこの年の四月、四年生以上の児童の多くは、数人の先生と一緒に広島を離れ、中国山地の山あい、今の三次《みよし》市の寺に疎開していた。広島に残った家族は無事か、木村武三さんは子供たちの代わりに見にきたのだった。

広島の町の真ん中に住む都会っ子たちにとって、寺での共同生活は楽なものではなかった。最初の数日こそ遠足気分ではしゃいでいたが、すぐにさびしさがこみあげてきた。食べ物も地

木村先生が来たことを知らせる伝言（菊池俊吉氏撮影）

元の子供のようには十分でない。ノミにも悩まされた。栄養失調と不安の中で、突然高熱を発し亡くなる子供も出た。夕方、高台にあるお寺の門のところに座り、広島からやってくる汽車を眺めるのが子供たちの日課になっていた。

原爆が落ちた時、木村さんはいつものように子供たちを連れて、歌を歌いながら山を歩き、薪《たきぎ》を集めていた。地響きのようなものを感じたという。寺に戻り、大きな爆弾が広島に落ちたことを知った。

子供たちに無用な心配はさせまい。先生たちは子供に多くを語らないことにした。しかし続々と広島から逃げてくる人たちのすさまじい姿が、否応《いやおう》なく子供たちの不安をあおった。木村さんは特別の許可を得て、子供たちの代わりに広島に戻ることにした。

「広島に大きな爆弾が落ちたそうな。うちの方はどうじゃろか、お父さんはどうじゃろか、お母さんはどうじゃろか、子供たちが心配する。それで特別の切符をもらって広島に行ったんです」

汽車に乗り、広島駅に降り立った木村さんは目を疑った。駅の前には一面に焼け野原が広がり、後に原爆ドームと呼ばれる広島県産業奨励館の鉄骨だけになった姿が見通せた。駅前では無数の遺体が焼かれていた。

とにかく学校へと向かった。出迎えてくれた加藤先生から、あらかたのことをきいた。壁の文字はその時書かれたものだ。「皆様によろしく」とは、児童の父母に宛てたものにほかならない。

木村さんは児童たちの家を回った。家庭訪問をしていたので家の場所は頭に入っていた。しかし、袋町国民学校の校区は爆心地に近く、どの家もことごとく跡形もない。歩いても歩いても、誰にも会わない。そのうち、木村さんの体も高熱におかされる。何日か寝込み、起き上がれるようになって、木村さんは疎開先の寺に戻ることにした。

木村さんの姿を見つけると、子供たちが駆け寄ってきた。そして口々に家族のことをきいてきた。木村さんは返答に困った。

「みんなが私のところに寄ってきて、うちはどうじゃったか、お父さんはどうじゃったか、お母さんはどうじゃったかときくわけですよ。亡くなったとは言えませんでした。元気じゃったよ、大丈夫だよ、心配ないよと嘘をついた。断腸の思いでした」

しかし、もちろん嘘はその場しのぎのものである。終戦後、迎えの人が来るか来ないかで、子供たちは現実を知った。たまたま親がその時市の中心部を離れていて、生き残っていたこともあった。しかしそうでない子供も多かった。

子供たちにとって本当に辛かったのがそのあとだったのは、言うまでもない。

第四章　新発見、迷路をたどるように

調査の撮影許可へ

平成十二年一月二十六日、袋町小学校で始まった壁をはがして行う調査は、初日こそマスコミに公開されたものの、その後は非公開にする方針が示された。壁の下から伝言が出てきたとして、その内容がどういうものかわからない。プライバシーの問題が生じる恐れがあるというのが理由だった。

なんとかこの調査を映像で記録したい。私は調査を担当した広島市教育委員会と撮影の交渉を続けた。

調査は三階建ての校舎の上の階から行われた。遺跡調査の細かい作業に慣れた人たちとはいえ、戦後に塗られた漆喰の壁だけをはがす調査は初めての体験だ。常識的に考えて伝言が書かれた可能性の低い階から調査は進められた。

地面からの高さ百五十センチあたり、人が字を書きそうなところを中心に壁がはがされた。柱のまわりの板壁、黒板の板もはがされた。下からは被爆したコンクリートの面がそのまま出てくる。

校舎の中に入れない私は関係者を訪ね、調査の進み具合、成果をきいて回った。気が気ではない。内心まだ出ないでくれと祈っていた。決定的瞬間を撮り損ねたくない。その一方で、まったく何も出ないのではという不安もある。それでは元も子もない。

おおかたの予想どおり、三階、二階で伝言は出てこなかった。それでも被爆の痕跡はいくつか確認された。階段の一番屋上に近い場所にある壁が一面に黒ずんでいたのは、校舎が炎に包まれた時の煤によるものだった。壁の一部をはがした結果、このあたりには戦後漆喰が塗られていないことがわかったのだ。屋上に出る以外ほとんど誰も通らないこの場所は、補修されていなかった。広島大学の三浦教授の説明では、校舎が火に包まれた時階段は煙突の役割を果たした。だから階段の壁が一番黒いのだ。

壁のところどころに無数の細かい傷がついているところがあった。爆風で吹き飛んだガラスが突き刺さった跡だった。傷が密集する壁の向かいには、ちょうどあかりをとるガラス窓がある。どちらの方向からどんな爆風が駆け抜けたのか、校舎はあの日をたしかに刻み込んでいた。

二階の教室のコンクリート面に板を張りつけた壁で、少しだが文字らしきものも見つかっていた。

〈水、水、水〉

二階の教室から見つかった「水、水、水」

字は黒く、炭で書かれたと見られる。壁には、板壁をコンクリートに固定するため、木レンガと呼ばれる木が埋め込まれている。炭化した木レンガはそのまま残されていた。この炭で書かれたのか。火傷を負った人が水を求めたことはよく知られている。

たとえまとまった伝言が見つからなくても、この調査が現代の広島に投げかけるものは大きい。確信は私の中で大きくなっていった。

二月に入って、調査が一階まで進んだという情報を得た。いてもたってもいられず、教育委員会を訪れた。人知れず調査をし、結果だけを発表するのが本当に最善の方法なのか、この前代未聞の調査を映像で記録すべきだ。映像はすぐに公開しないことを条件に作業の撮影を再度申し込んだ。

翌日教育委員会に呼び出された。担当課長の顔は晴れやかだった。

「撮影してください」

ついに撮影の許可を得た。

黒板のうしろ一面に

小雪がちらつく二月七日、私たちはついにテレビカメラを持ち込んで、作業の撮影を始めた。一階の廊下は、もうもうとはがれ落ちた漆喰の粉が舞っていた。作業の人たちの手元は、初日に比べずっと確かなものになっていた。同じ場所を何度もたたいていくと、数センチ四方の壁がぼろぼろとはがれ落ちる。そのたびに息をのんで見つめる。壁をそいだような傷跡が出てくる。なにか黒いものが出てくる。文字だろうか。しかしそれは壁を塗った職人のつけた印のようだった。

この日作業が行われたのは、一階の、玄関とは反対側の端の教室周辺。教室の中では、派手な音をたてて板壁の取り外しが始まっていた。

昼休みをはさみ、午後一番で作業の人たちは、教室の一番大きな壁をおおう黒板にとりかかった。

黒板を支える両側の木がバリバリと外された。黒板は横幅が四メートルを超える。作業の人たちが集まってくる。黒板の板をはがしにかかった。

「あるある！」

発見された伝言をのぞき込む作業の人たち

黒板の裏を先にのぞき込んだ作業の人が叫んだ。十人を超える人たちが、壁の前に立ち尽くした。数分後、壁に張りつくように顔を近づけ、懸命に文字を読み始めた。作業にあたる人もほとんどは広島市民で、多くの人は六十歳前後。他人事ではなかったのだ。

黒板の大きな板に守られたコンクリートの壁には、一面にチョークの文字が見られた。「田中」「日高」などの名前が目に飛び込んできた。ついに伝言が見つかったのだ。コンクリートの壁にチョークで書かれた、当時そのままのかたちで。撮影初日にしてその瞬間に立ち会えた。興奮で言葉を失った。カメラは回り続けている。

しかし私は同時に、言いようもない不安に襲われていた。この文字を読み取り、関係者にたどり着くことなど本当に可能なのだろうか。初めて見た実物の伝言の文字は、それほど薄く、読みにくかった。文の途中でわからなくなってしまう行もある。どこまでがひとつの伝言なのかもほとんどわからない。

判読はまず、調査を監修した広島大学の三浦教授と、作業にあたった広島の人たちによって行われた。判読結果は以下のとおりである。

〈多山本店内

河本房子
右ノ者御存知ノ方ハ左記ニ御知セ
呉市駅前　増岡◯　河原章
本通十四丁目
方
安芸郡府中町青
五味貞子方
袋町町内会
◯◯医院
田中鈴枝
学
右ノモノ御存知ノ方ハお知らせ下さい
広島県世羅
子

日高憲之介
（八月十二日）
明治生命跡ニ移転ス　又ハ
当校ニナルカモシレマセン
ヨロシクオネガヒイタシ
マス
　　　中田㐂美子
姉様江　野村タツ子
野村タツ子江
清　矢野
　　　帰◯て
安佐郡◯◯
（古市橋西詰）
木方カ◯方〉

読めない文字をどうやって埋めればよいのだろう。

並んだ名前はどういう関係なのか。なぜここに来て伝言を書いたのか。伝言は誰かに伝わったのか。探していた人は見つかったのか。すべては市民からの情報に頼る以外なかった。

姉の名前を見た

三月十日、広島市は調査結果を発表した。私たちはその日のニュース番組で、その時点での判読結果を詳しく報じ、情報の提供を呼びかけた。

すると翌日一本の電話が来た。姉の名前を見たという人からだった。

広島市内に住む、田中春江さん。原爆が落ちた日の朝、家を出てから行方不明の姉を探し続けてきたという。姉の名前は「田中鈴枝」。アメリカに住む娘のところに遊びにいき、しばらくぶりで家に帰ってきてテレビをつけたら、その瞬間姉の名前が目に飛び込んできたと、興奮気味に語った。

しかし興奮していたのは、なにも伝言との出会いに運命的なものを感じたからだけではない。春江さんは今まで、考えうるあらゆる方法で姉の行方を探してきた。市役所に勤めていたので、原爆死没者に関係するものをはじめ様々な名簿や書類を見る機会も多かった。それなのに姉の消息はまったくつかめていない。それどころか「田中鈴枝」という名前に行き当たったことさえなかった。

その日テレビを見て驚いたのは、春江さんだけではない。下の妹の艶子さんも見ていた。姉妹はその夜電話でテレビの内容を確認し合い、翌朝NHKに電話をかけてきたのだ。

田中鈴枝さんは八人兄弟の一番上だった。市役所に勤めていた。自宅は市の郊外にあり、鈴枝さんはその日の朝も八時前に家を出た。そして原爆。鈴枝さんは夜になっても帰ってこなかった。

鈴枝さんはどこで被爆したのか。近所の人が市街電車に乗り込む鈴枝さんを見ていた。時刻からして、八時十五分にはちょうど市の中心部を通っていたことになる。

翌朝両親は電車通りをたどった。爆心直下の相生橋《あいおいばし》の上で横転し黒こげになった電車を見つけた。しかし電車の中に鈴枝さんの姿はない。電車の中から這い出してどこかへ行ったのではないか。

両親は来る日も来る日も鈴枝さんを探しに町に出かけた。しかしなんの手がかりもなかった。鈴枝さんは瀕死の状態で電車から這い出し、橋のたもとから川に入って亡くなったに違いない。

「田中鈴枝」と読める伝言の文字

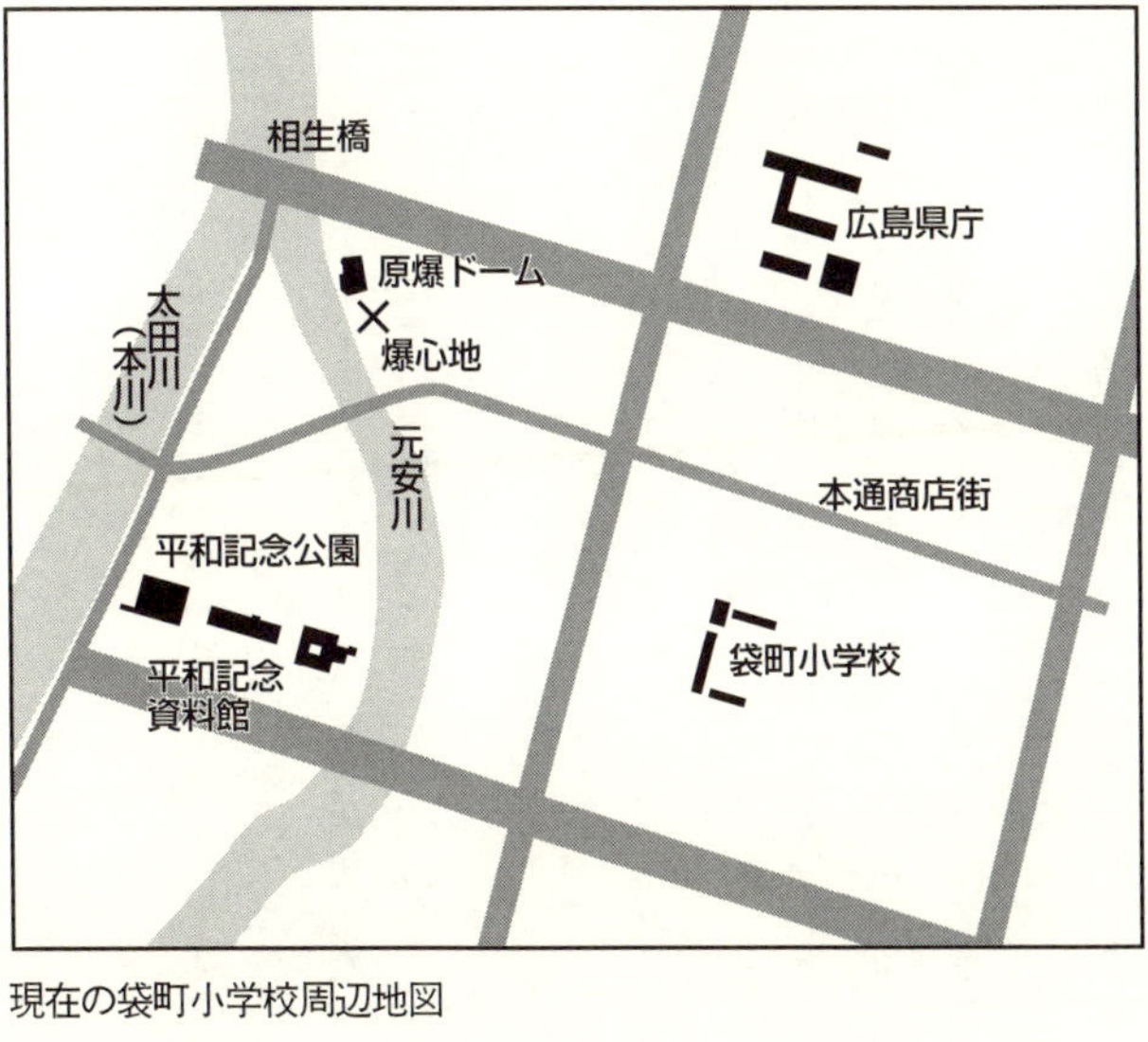

現在の袋町小学校周辺地図

家族はそう納得することにした。実際川にはあの時、水を欲しがって川に降り、力尽きて亡くなった人の無数の遺体が浮かんでいた。

春江さんは当時中学一年。艶子さんは小学四年。両親に家にいるように言われ、自身は姉を探しにいっていない。両親はすでに亡くなり確かめることはできないが、袋町国民学校に探しにいったとはきいていない。相生橋から学校まではわずか五百メートル。救護所にもなっていたのだから、収容されていてなんの不思議もない。なぜあの時立ち寄らなかったのか。名前まで残されていたというのに。

春江さんは鈴枝さんの写真を見せてくれた。当時二十歳で結婚が決まっていた。その日、おろしたての下駄を履いて出勤していった。自慢の姉だったそうだ。裁縫がうまかった。桃が大好物で、むいてもらってよく一緒に食べた。思い出話は尽きなかった。

自身も市役所に就職し、毎朝電車に乗って通った。相生橋を通る時いつも手を合わせていた。西京節子さんの家族もそうだったように、姉の名前が見つかったことがうれしいと何度も語った。自分で書いた字なら形見だし、ほかの人が代わりに書いてくれたのなら亡くなるまでに面倒を見てくれた人がいたことになる。

しかし気がかりなことがあった。「田中鈴枝」という名前以外、思いあたることがまわりに何も書かれていないということだ。婚約者の名前は「学」だっただろうか。そんな名前ではなかったような気がする。私たちが撮影した壁の文字のハイビジョン映像を見てもらうことにした。

三月二十日、彼岸の墓参りには東京にいる弟さん以外すべての兄弟が集まった。遺骨の入っていない墓に花をそなえ、手を合わせた。自宅に戻り伝言の映像を見た。しばらくの沈黙のあと、口々に気になることを話し始めた。父親の字に似ている。しかし伝言を書いていたなら兄弟の誰かは話をきいているはずだ。やはり家族以外の人が書いてくれたのではないか。

なによりも気になったのは名前のあとに書かれた「広島県世羅」。連絡先の住所と読める。世羅は中国山地の町。親戚はない。姉に代わって伝言を書いてくれた人なのか、姉を学校まで運んでくれた人なのか。この人にあたれば、あの時の姉のことがもう少しきけるかもしれない。しかし、肝心の名前が消えてしまって読めない。テレビを見つめる兄弟の表情は曇った。

その後、春江さんに相生橋のたもとでもう一度インタビューした。テレビで姉の名前を見てからというもの、毎日姉のことを考え続けてきたと言う春江さん。複雑な気持ちを打ち明けた。「あんまり苦しんでなかったと思ってたんです。それが小学校まで行ったということは苦しむ時間が長かったんじゃないかと思って。ですから、そこまで行ってほしくない。名前が見つかったことは喜んでるんですが」

涙をぬぐう春江さんにかける言葉を、私は持ち合わせていなかった。

原爆で家族を失うとはそういうことなのか。家族に見守られることなく、遺骨も拾ってもらえず、それでも橋の上で被爆し、すぐに川に降りて息絶えたのなら、苦しんでいる時間は短かったはずだからその方がよかった。あの時町をさまよっていた人々の苦しみを思えばその方がよかった。本当に愛する人を失った人間は、そこまで考えるものなのだ。

本当にありがとうと、それでも最後までお礼の言葉を口にする春江さんに、また新しい情報があったら連絡しますとだけ約束して、私はその場をあとにした。

ふたりの「野村タツ子」

別の伝言についても、家族ではないかという情報が寄せられた。

〈姉様江　野村タツ子〉

あの日いかに多くの人が離ればなれになったか、それを半世紀後にたどることがいかに難し

「姉様江　野村タツ子」の伝言

いかを思い知らされる伝言だった。

連絡をくれたのは、広島市内に住む清田譲さん。野村タツ子は母親の妹ではないかとのことだった。年の離れた姉妹だったため、譲さんとタツ子さんはふたつ違い。戦争中は、広島から呉《くれ》に向かう途中の坂町という町にある実家で兄弟同然に育ったという。

今家を守っているタツ子さんの兄と共に伝言の内容を検討することにした。一緒に実家に向かった。

実家の前にはお墓があった。「タツ子」の名前が見える。ところが話は簡単ではない。遺骨は入っているのだが、本人のものかどうか疑わしいというのだ。タツ子さんの母親がやっとの思いでお骨を見つけた。しかしお骨を入れた箱の表に書かれた年齢は異なっていた。火葬は済んだあとでほかに確かめるてだてはなかった。そのお骨を持って帰るしかなかった。

十五歳だった譲さんはその春から呉の海軍工廠に入っていて、自身は探しにいけなかった。しかし戦後おばからよくその話をきかされていた。

待っていたタツ子さんの兄の勇さんと共に伝言の判読結果を見てもらった。勇さんはその時ビルマに出征中で、戦後帰ってきたためその時のことはやはり知らない。

ふたりが注目したのは「姉様江」という言葉だった。原爆の前の日、タツ子さんは、広島市内にひとりで住む姉チエコさんの家に泊まっていた。結婚して家を出たが夫が出征。心配した母親はたまにタツ子さんに様子を見にいかせていた。

八月六日の朝、タツ子さんは町の中心部の土橋《どばし》というところへ、チエコさんは郊外へ向かった。タツ子さんがあの状況で伝言を書くとしたら、姉のチエコさん宛てに違いない。伝言はタツ子さんが書いたものに違いないとふたりは考えた。

原爆のあと母親とチエコさんはタツ子さんを探した。土橋のあたりで山の方へ向かうタツ子さんを見たと言う人に会った。火葬場になった山ぎわの小学校でお骨を見つけた。しかし今思えば、土橋から反対方向に行っても不思議はない。袋町国民学校はちょうどその先にある。

しかし合点のいかないこともあった。「姉様江　野村タツ子」と書かれた次の行に「野村タツ子江」と読める伝言があることだ。チエコさんはタツ子さんが自分に宛てて書いた伝言を見て、返事を書いていたのか。あの時の話はいくらもしたのに、そんな話はきいたことがない。

チエコさんが亡くなったのは十年前。今となっては確かめようもない。

「原爆はまだ終わっていないということだ。だが、もう少し早くわかっていたら」

ふたりはためいきをつくしかなかった。

それでも、勇さんの見せてくれた戸籍謄本とふたりの話から、伝言の野村タツ子さんはこの人たちの家族に違いないと思われた。

ところがその数日後、別の電話がかかってきた。「野村タツ子」の弟と名乗る人物だった。直接話をきくことにした。

東広島市に住む野村隆さん。隆さんも戸籍謄本を持っていて、見せてもらうとたしかに「野村タツ子」という姉がいた。しかも当時の住所は袋町。隆さんは原爆の落ちたその日、袋町国民学校に行ったというのだ。

隆さんの話を詳しくきいた。八月六日、国民学校高等科の二年生だった隆さんは勤労奉仕の日だった。袋町の自宅から港の方へ向かっていた。ふたつ上の姉のタツ子さんは勤め先の専売局に出かけた。

原爆のきのこ雲を見て、隆さんは自宅へ急いだ。ものすごい火事でなかなか市の中心部に入れない。たどりついたのは夜だった。両親は自宅で亡くなっていた。途方に暮れた隆さんは焼け残っていた袋町国民学校に立ち寄った。校庭には顔中にひどい火傷を負った児童たちが死んで横たわっていた。校舎の中でタツ子さんに再会した。その日ふたりは校舎の地下で眠り、翌日からほかの兄弟を探したという。

隆さんはタツ子さんが伝言を書いていたことを知らなかった。しかし書かれた内容はすべて

「野村タツ子」と並んで「清　矢野」の文字が見える

説明できる。「姉様」とは郊外に嫁に行っていた上の姉のことだ。嫁ぎ先の住所「矢野」がその次の行に見える。「矢野」の上に書かれた「清」は一番上の兄の名前だ。兄弟は数日後袋町で再会した。

タツ子さんは存命だときいた。やっと伝言を書いた人に会えるのか。しかし話はきけないという。難病にかかって意識がほとんどなく、寝たきりの状態だというのだ。

さらに話は戦後の苦労話に及んだ。両親を一瞬にして失った兄弟は、戦後一緒に暮らしたわけではない。ひとりで食べていくのも大変だった。隆さんは多くを語らなかったが、末っ子の隆さんの面倒を見られる者はなく、隆さんはひとり広島を離れた。あてもなくさまよった。今の東広島に来た時助けてくれる人に出会い、そのまま住み着いて今に至るという。

そんな隆さんのことをいつも気にかけ、励ましてくれたのは、一番年の近い姉のタツ子さんだった。くさっている時はなぐさめ、いい気になっている時は叱ってくれた。その姉が今は何も話せない。伝言のニュースで姉の名前を見て名乗り出たのは、無性に姉のことを誰かに話したくなったからだと語った。

しばらくして、病院にタツ子さんを見舞いにいく隆さんに同行した。寝たきりになって八年というタツ子さんは想像したよりもさらに小さかった。体が硬直し、目も開かない。何も話せない。こちらの話もわかっているように見えない。

タツ子さんのものと思われる伝言が出てきた話を、付き添って世話をするタツ子さんの娘さんと、ベッドを囲んで語り合った。

「もう少し早ければ、おばあさんに話がきけたのにねえ」

隆さんがふと立ち上がり、タツ子さんに顔を寄せた。

「わしの言うこと、わかる？」

するとタツ子さんが隆さんに顔を向けた。開いた口の中で舌が少し動いた。声は出ない。しかし隆さんに何かを話しかけていた。隆さんは口を真一文字に結び、タツ子さんをじっと見つめていた。

目の前で当たり前のように繰り広げられる奇跡のような光景。弟と姉を結ぶ絆の強さに圧倒された。

「多山本店内　河本房子」

野村タツ子さんのように、複数の情報が寄せられるものもあったが、まったく手がかりのないものも少なくなかった。黒板の裏から出てきた伝言の最初に書かれた「多山本店内　河本房子」で始まる伝言もそうだった。

私たちは当初、この伝言から関係者をたどるのはそう難しくはないと考えていた。伝言の文字が数行にわたってかなり鮮明だったこと、そして「多山本店」はよく知られた店だったからだ。

多山本店は、袋町小学校に近い本通りと呼ばれるアーケードの繁華街に今もある。洋服など洋品を扱う店だ。

しかし、取材はいきなり行き詰まった。当時のことを知る人がもう誰もいなかったのである。戦時中、店主の家族はほとんど疎開していた。しかも原爆の被害がもっともひどかった地域のひとつである。当時疎開せず、商店街に住んでいた人に話をきいたが、原爆の翌日になっても、あたりはまだブスブスと音をたてていたという。まさに焼き尽くされたのだ。

伝言はそのあと同じような筆跡、筆致で、

〈右ノ者御存知ノ方ハ左記ニ御知セ
呉市駅前　増岡◯　河原章〉

「多山本店内／河本房子」で始まる伝言

と続く。素直に読めば、呉市駅前の河原章さんが河本房子さんを探していたと考えられる。関係者に伝言のことを教えてあげれば、きっと喜んでくれるはずだ。そう信じて、呉の駅前で聞き込みを始めた。

昔のことを知る人がいた。今は大きなホテルが建つ駅前の一等地に、「増岡」という建設会社の社長の家があったという。さらにこの家が持つ借家に、「カワハラモータース」という自動車屋があったことがわかった。しかし十年以上も前に店を閉めたとのことだった。

当時呉の駅前も、広島から逃げてくる人であふれていたという話をきいた。異様な姿に肝をつぶしたそうだ。

さらに聞き込みを続けると、河原さんの長男を知っているという人が見つかった。しかし数カ月前に亡くなっていた。少し進んではまた止まるという取材が続いた。

家族にやっと行きついたのは取材を始めて二カ月後。次男が別の町に住んでいることがわかった。

教えられた住所を訪ねた。県営住宅の一室、扉を半分ほどあけて、初老の男性が顔をのぞかせた。とまどいの表情が浮かんでいた。

河原邦雄さん。神戸に住んでいたが、阪神・淡路大震災で最近広島に戻ってきたとのことだった。袋町小学校にはなんの関係もないため、伝言のことはまったく知らなかった。判読結果を書いた紙を見てもらった。落ち着かなかった目がぴたりと止まった。

「河本房子……。あ、これはうちの母親の妹です。独身で……おふくろの話では、たしか広島市内の呉服屋に女中さんでいっとると……」

「それがこの多山本店ですか」

「あ、思い出しました。多山本店です」

遠い記憶がよみがえる瞬間。しばらくの沈黙。そして深いためいきをもらした。

原爆のあと房子さんを探しにいったのは、邦雄さんの父で房子さんの義理の兄にあたる章視さんと、房子さんの兄の河本理吉さんだった。店のオート三輪で広島に向かった。でも何も見つからなかった。呉へ戻るオート三輪を、ハエの大群がいつまでも追ってきたそうだ。

房子さんのことを話すのは久しぶりだと言う邦雄さん。伝言の内容を書いた紙をいつまでも見つめていた。独身だった房子叔母さんは、唯一の女兄弟だった邦雄さんの母親のところへよく遊びにきていた。おとなしい人だった。あの日忽然と姿を消した。どこで亡くなったのか、遺骨は見つかっていない。邦雄さんの中で優しい声がよみがえっていた。

「邦ちゃん邦ちゃんってね、よう声をかけてくれました。優しい人でした……私もたまに広島に行きますが、どこに眠っとるんかと考えます」
目尻に涙が光っていた。

第五章　親と子

知らないはずの母の筆跡がなつかしい

黒板の裏から発見された伝言のほとんどは家族に関するものだった。ところが関係者にたどり着いても、本当にその人のものなのか百パーセントの確証はなかなか得られなかった。書いた本人が家族にまったく伝言のことを話さずに亡くなっているというのが一番の理由だった。なぜ話さなかったのか。伝言も書いて必死に探したにもかかわらず、結局探していた家族は帰らず、それどころかなんの情報も得られなかったからだ。

だから伝言はむなしいものだ。広島大学の三浦教授の調べでは、あの原爆ドームの壁にもかつては多くの伝言が炭で書かれていたそうだ。しかし修理工事の時洗われてしまったという。原爆ドームは残しても、壁の伝言を残そうと言う人はいなかったのである。

ところがあの日から半世紀を経て、しかも書いた本人もすでに亡くなった状況でよみがえった伝言は、別の意味を持っていた。伝言は、生前家族にも話さなかった故人の思いを届ける役目を負っていたのだ。しかも伝わるメッセージは、親と子が結んだ関係によって微妙に違っていた。

黒板の真ん中、ほぼ完全に読み取れる伝言。

〈日高憲之介
（八月十二日）
明治生命跡ニ移転ス　又ハ
当校ニナルカモシレマセン
ヨロシクオネガヒイタシ
マス
中田㐂美子〉

自然に読めば、書いたのは中田喜美子さん。日高憲之介さんが明治生命のビルに移転したことを誰かに伝える伝言と読める。

日高さんの甥が袋町小学校のすぐ近くに住んでいた。日高重治さん。地区の役員を務め、発見された伝言については「あんなもの、壊してしまった方がいい」と言いながら、今回の調査のために骨をおった縁の下の力持ちだ。憲之介さんの最期を知る数少ないひとりでもある。

日高憲之介さんは、八月六日の朝、市の中心を少し外れた寺に墓参りに行っていて、たいし

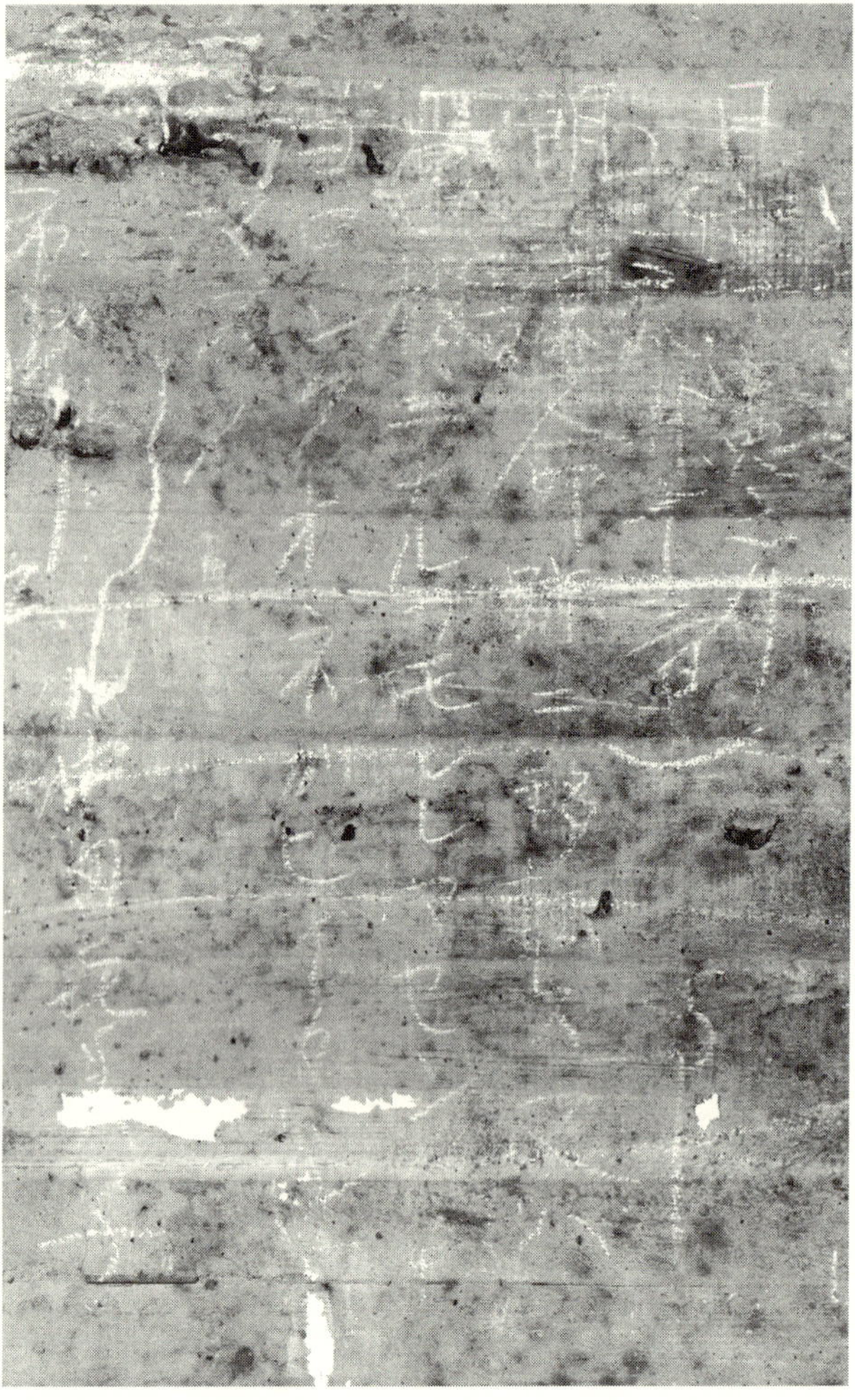

「日高憲之介」で始まる伝言

た傷は負わなかった。すぐに引き返し、袋町国民学校を拠点に、家族や隣組のために動き回った。しかししばらくして高熱におかされた。重治さんたちが疎開していた郊外の家にやってきて、一週間ほど寝込んだまま、帰らぬ人となった。伝言に書かれた日付、八月十二日は郊外に移る直前だ。体調不良を訴え、寝泊まりする場所を学校から明治生命のビルに移すことにしたのかもしれない。

伝言を書いたと思われる中田喜美子さんとは誰か。重治さんはおぼろげにしか覚えていなかった。憲之介さんの妻の姉か妹で、房江という小さい女の子がいたと思う。原爆の時房江さんは喜美子さんと離れ、岡山の親戚のところに疎開していたはずだという。今はまったく付き合いがない。

親戚筋の取材を重ねた結果、中田喜美子さんが広島にいたのは、夫が出征して憲之介さん一家のもとに身を寄せていたからだった。子供はふたりいたが、喜美子さんと一緒にいた上の子は袋町国民学校で被爆死。喜美子さん自身も、九月の初め岡山に預けていた下の子（房江さん）のもとに行った直後、原爆症で亡くなったことがわかった。

気にかかる情報があった。きみこさんの字は「喜美子」ではなく「君子」だったはずだというのだ。

あやふやな情報を集めてさらに取材を進めた。房江さんからずいぶん前にきいたという住所がわかった。大阪だった。

とにかく行ってみた。ところが町名が変更されていた。酒屋さんでも昔の地名がわからない。さんざん尋ねて回るうち、やっと房江さんを知っている人が見つかった。入り組んだ道の奥、住宅地の中の一軒だった。チャイムを押すと息子さんが出てきた。房江さんは外出中とのことで、再度連絡をとることにしていったん帰った。

もう一度電話をする時になって、ふと不安になった。伝言が出てきたと知らせれば家族は喜ぶはずだと信じてきたが本当にそうだろうか。房江さんは家族と離れて疎開していたから広島での生活はおそらくほとんど覚えていない。顔も知らないだろう憲之介おじさんのことを記した伝言は、房江さんの戦後の人生にほとんど関係ない。広島を離れた多くの人がそうであるように、原爆のことは封印して生きてきたかもしれない。それになんといっても「喜美子」のことが心に引っかかっていた。

それでも会ってみることにした。電話で面会の約束をとりつけ、伝言を撮影した映像を持って大阪に向かった。房江さんは、陽気な幼い孫たちに囲まれて暮らしていた。

房江さんはくったくなく私の質問に答えてくれた。祖母からきかされた広島のこと。おじ日高憲之介の家とは棟続きで、ひとつの家族として暮らしていた。近い親戚がみんな集まって、にぎやかな大家族だったそうだ。しかし母親を失った時、房江さんは五歳。顔もかろうじて覚えている程度だ。伝言の筆跡が本人のものかどうかもちろんわからない。母親の名前はやはり「君子」だった。しかし伝言の映像はぜひ見たいと言う。

房江さんはビデオデッキにテープをセットし、スタートボタンを押した。正座して画面を見つめた。伝言の文字が現れる。右から左へカメラがなめていく。中田喜美子の文字。両目にみるみる涙があふれた。房江さんは画面を見つめ続けた。

見終わったあと、房江さんは大切にしてきたものを見せてくれた。たった一枚の母の写真だった。

母の君子さんは岡山の祖母の家に身を寄せていた房江さんのもとへ帰ってくるとすぐ、原爆症で亡くなった。父親も戦地で病死。

祖母が亡くなったあと、房江さんは遠い親戚のもとで育った。経済的には不自由しなかった。しかしさびしさは埋められなかった。保護者の参観日が嫌いだった。友だちがうらやましくてしようがなかった。母はどんな人だったのだろう。あこがれは募った。

房江さんは、伝言が母のものか確かめたくて映像を見たのではなかった。それは初めて見る母の字だったのだ。祖母から、母は字が上手だったときいていた。しかしどんな字なのかは想像のしようもなかった。何を問いかけても、母は写真の中でじっと微笑むだけだった。知らないはずの筆跡。なのになつかしさがこみあげてきた。

「小さい時の記憶って……忘れよう忘れよう、いつも忘れよう、何があっても忘れようしかなかったから。さっき見せてもらったのがもし違う人でもね、私は自分の母親の字として信じたい」

私は房江さんにビデオテープを差し上げ、広島に戻った。今、房江さんの脳裏には、被爆直後、家族や近所の人のためにおじと共に懸命に働いた頼もしい母親の姿が浮かんでいるに違いない。

母の思いをひきずったまま

伝言の関係者の中には、最後までテレビカメラでの取材に応じなかった人も実は少なくなかった。被爆者であることをまわりに知らせておらず、偏見をおそれてというケースが多かったが、中に少し違う理由を挙げた人がいた。自分が今何か言うことに意味がないと言う。東京に住む土井順子さんだ。

そんなことはない、今の人たちにもきっと伝わる。なんとか出演してもらおうと説得にいった。若者でにぎわう、東京でも一、二の繁華街にほど近いアパートにひっそりと住んでいた。話をきいて胸が痛んだ。順子さんは、伝言に込められた母の思いを今もそのまま自分の中にかかえて生きていた。

菊池俊吉さんの撮ったよく知られている写真の最初に、順子さんの妹、土井佑子さんを探す伝言はある。

〈お願ひ
土井佑子
本校（五年生）
安藤先生
川原軍一方
土井ヤエに
お知らせ
下さい

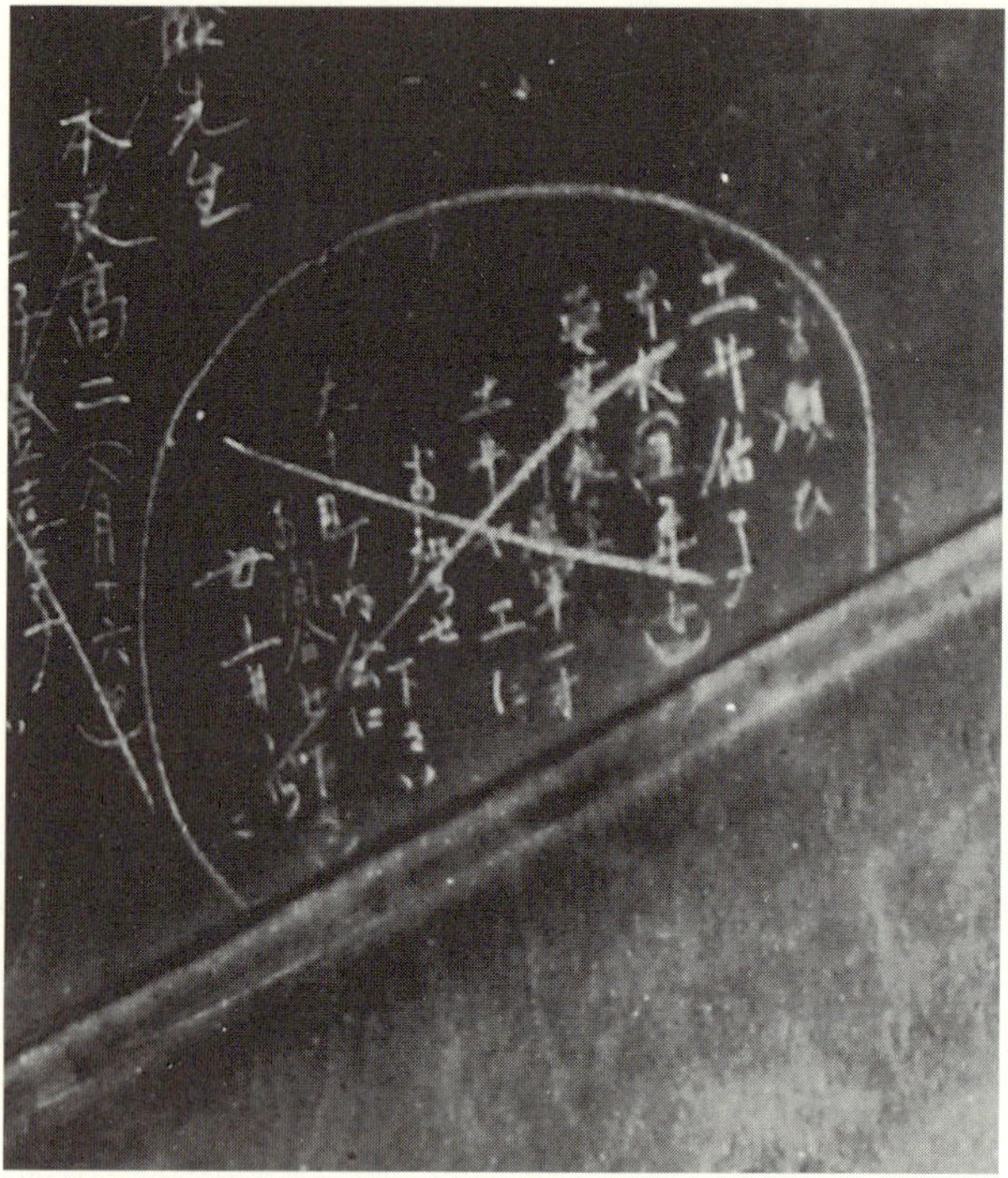

「土井佑子」さんを探す伝言（菊池俊吉氏撮影）

大手町内会に
お問合せ下さい
母　土井シヅ〉

土井さん一家はもともと東京に住んでいた。東京の人だった父親はすでに病死。東京大空襲の中を生きのび、母親の実家のある広島に移った。そして原爆。そんな運命にもてあそばれた家族もいたのだ。

順子さんもあの日のことを詳しく覚えていた。佑子さんはその日の朝、学校を休むと言ってきかなかった。前の日友だちとけんかしたからだった。しかしその友だちが一緒に行こうと迎えにきてくれた。機嫌を直し、いつもより少し遅れて学校に向かった。

原爆が落ちたあと家族はいったん避難したが、すぐに自宅の焼け跡に戻り、佑子さんの帰りを待った。しかしなんの便りもない。母親と順子さんが佑子さんを探しにいった。焼け残った電信柱や防火用水など、伝言が書けるものがあると伝言を残し、学校を目指した。順子さんは校庭などを探して校舎の中に入らなかったため、母親が学校に伝言を残していたことは知らない。でも状況や筆跡から母親が書いたものに間違いない。

結局仮住まいで連絡を待つ家族に寄せられた情報はなかった。秋になり、母親は子供たちを連れて東京に戻った。

広島でのことは忘れたい思い出だった。しかし母親は思いを断ち切れなかった。ラジオの尋ね人の番組を必ずきいていた。ある時、広島市長宛に佑子さんの消息を尋ねる手紙を出した。返信には学校の土が入っていた。東京の墓地につくった佑子さんの墓のまわりに撒いた。

それで区切りはついたのか。母親は子供たちの通う学校に決して行こうとしなかった。八月六日には必ず墓参りに出かけた。八時十五分になる前に墓に着くよう家を出る。平和式典の中継を見たくなかったからだ。

そんな母親の面倒を最後まで見たのが順子さんだった。

順子さんは母の思いを引き継いだ。順子さんは独身を通した。東京の友だちに原爆のことを話したことはない。あの日のことを忘れたからではない。今も佑子さんの夢を見る。いったい何度見たことか。それでも話さないのはあの日を体験した者にしかわからないと思うからだ。まして今の若い人に話す気はとうてい起きない。

戦後新しい人生を始めるつもりだった。しかしあの日を引きずったままだ。順子さんは自分の中で何かが止まっていると語った。伝言はいまだにむなしいものでしかない。私は出演を説得するのをやめた。
順子さんのアパートをあとにして、にぎやかな繁華街を歩いた。人が次々と数センチで体をかわしすれちがっていく。駅に着き、広島から出てくるとあらためて驚く、昼間なのに満員の電車に乗った。なんと大勢の人、大勢の目、大勢の耳。それなのにまったく温かさを感じない。平和の続く時代の中で、人はどんどん無表情になっていく。
あの日から時間が止まったままの母と子はどんな思いでこの電車に乗ってきたのか。東京は孤独を募らせる町だと思った。

母の姿、父の遺志が、見える

見つかった文字から生前の父の言葉を思い出し、自分を奮《ふる》い立たせた人もいた。
文字はたった四文字。

〈患者村上〉

これは伝言と言えるのか。見つかった場所は、土井佑子さんなどの伝言が書かれた玄関から一番近い教室の柱。床から数十センチの高さの、板壁の裏から現れた。

この教室に多くの「患者」がいたことは菊池俊吉さんの写真からも明らかだ。診察室になっていたのは廊下だ。廊下と教室を隔てる壁は吹き飛ばされて跡形もないが、教室にあたる場所は入院病棟になっている。いくつも蚊帳《かや》が吊られている。撮影されたのは秋十月。遠ざけたいのは蚊ではなく、火傷がひどい患者の肌に卵を産みつけようとするハエだ。文字が見つかった柱は写真の奥。蚊帳に遮られて見えないが、柱のすぐ前にも重症患者が横たわっていたのは確かだ。

黒板の裏から出てきた伝言と一緒に情報の提供を呼びかけたが、正直期待はしていなかった。名前もなく名字だけで、書かれた目的もはっきりしない。しかし確かな反応があった。

名乗り出た村上啓子さんによると、母親は被爆の直後から数カ月間、ちょうど柱のあたりに横たわっていた。しかし啓子さんは当時八歳。起きたことをきちんと理解し、記憶できる年齢ではない。それなのに啓子さんが当時の袋町国民学校、そして母親の様子を鮮明に覚えているのには特別なわけがあった。父親が自分に宛てて残した手記に詳しく記されていたのだ。

原爆が落とされた時、家族は全員自宅にいた。Ｂ29の機影を見た父親が逃げろと叫んだ。啓子さんと弟は、父と共に家の前の急ごしらえの防空壕に駆け込んだ。ほとんど無傷だった。し

柱に書かれた「患者
村上」の文字

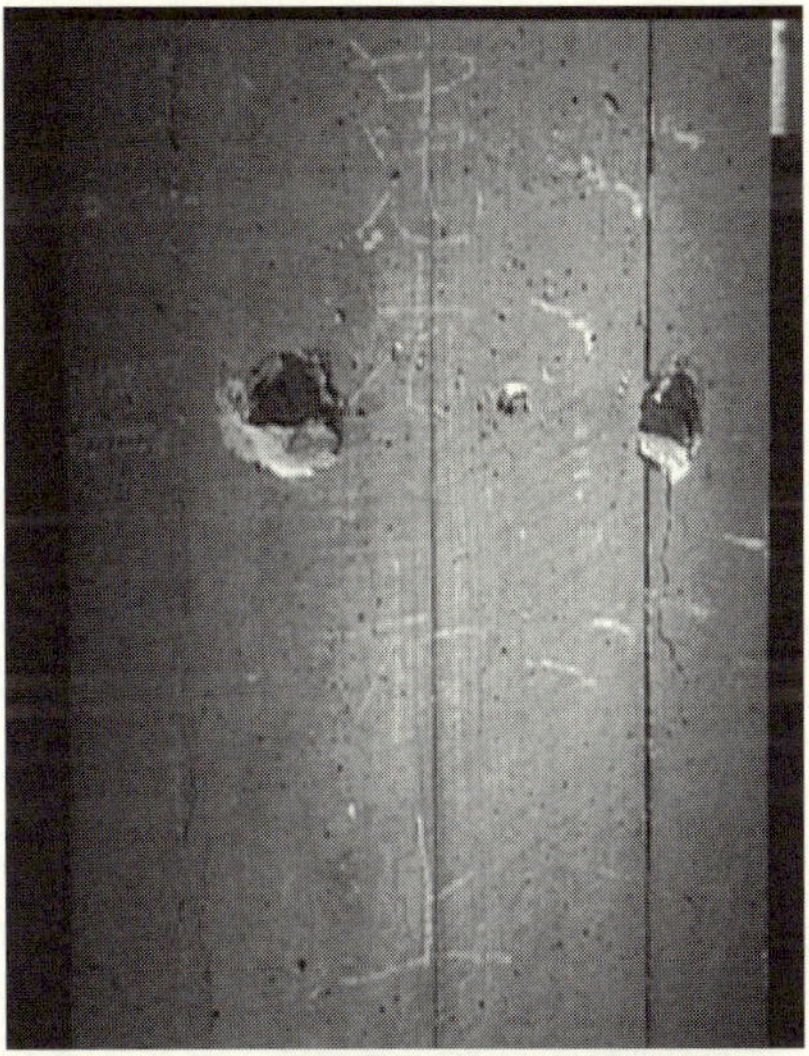

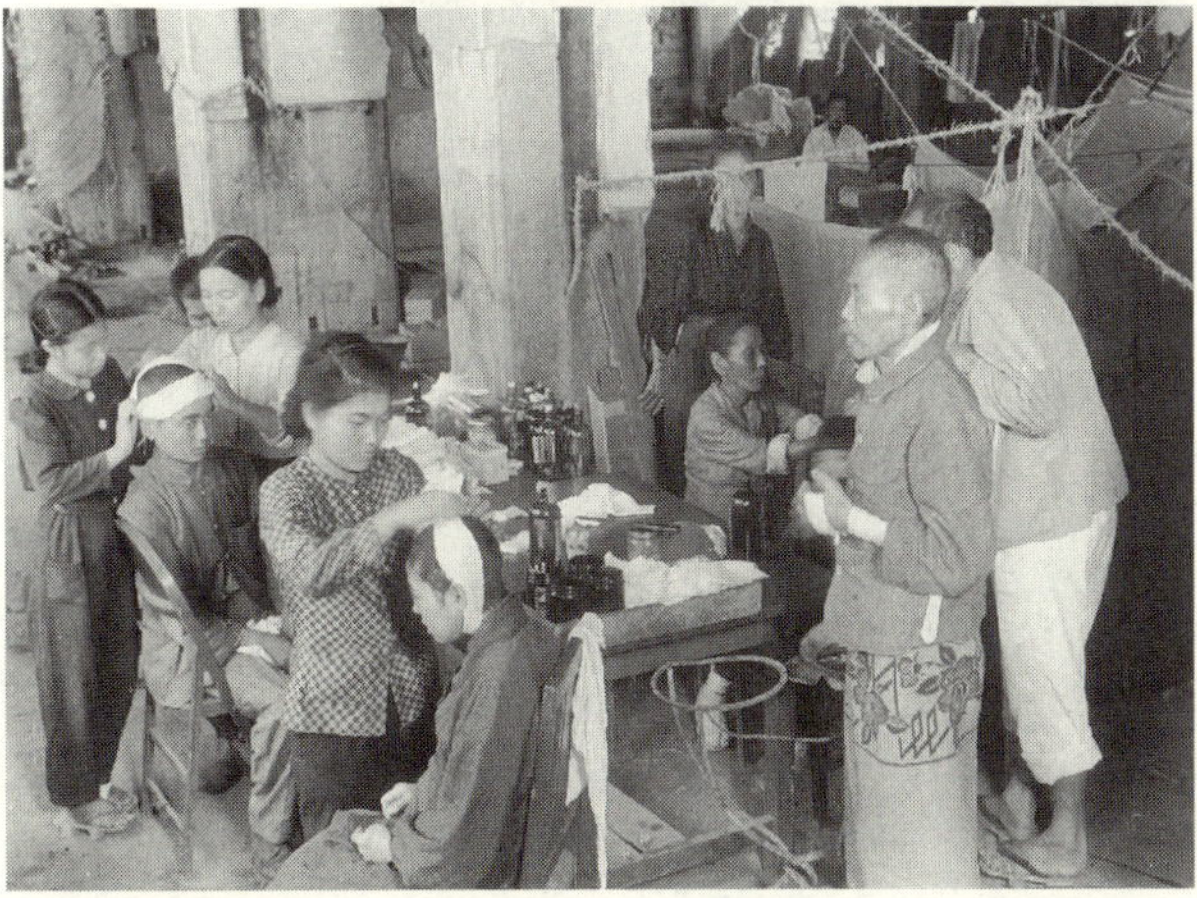

教室での治療の様子。上の柱は右奥に位置する（菊池俊吉氏撮影）

かし台所に立っていた母と、かたわらで眠っていた妹は逃げ遅れた。

瓦礫の下から這い出した啓子さんは必死で母親を呼んだ。背中に倒れた重い柱をものともせず母親は立ち上がった。しかし全身はガラスまみれ。片目は飛び出して胸までたれ下がっていた。腕の中には小さな妹がしっかりとかかえられていた。

啓子さんと弟は親戚の家に預けられた。瀕死の母親と妹は救護所となった袋町国民学校へ。父親は昼は市内を飛び回り、夜は母親のそばで過ごした。

父親の敏夫さんは市役所に勤務していた。多くの職員が命を落とす中で生き残り、戦後の復興に先頭に立って汗を流したひとりだ。被爆から二年後の昭和二十二年八月六日に開かれた第一回平和祭では、同期の濱井信三市長が読み上げた初の平和宣言の草稿を中心になって書き、平和都市広島の礎《いしずえ》を築いた。自分のすべてを戦後の広島の建設に注いだ敏夫さんの原点。それが瀕死の妻と共に過ごした袋町国民学校救護所だった。

日本がまだGHQの統治下にあり、アメリカへの批判に厳しい監視の目が注がれていた中での平和宣言。投獄は当然覚悟、命も保証の限りでないと考えていたという。宣言の草稿を書き上げた敏夫さんは、「二児に遺す」と題した遺書とも言える手記を書いた。少し長くなるが引用する。

〈救護所といっても、鉄骨建物が辛うじて外郭だけ焼け残ったもので、焼石の出た荒目のコンクリートの上に、つい先まで死人を包んで、一面に血のりのついた一枚の荒むしろに、失明寸前の妻と栄養失調の幼児と左手を肩につった私との三人が、一枚の薄い軍隊用毛布、所狭いまでに横たわる被爆重症患者のうめきとのろいの充満した中に伏せって、初冬の風に吹きさらされた。みじめな名だけの救護所は、雨露さえ十分には防げなかった。市役所の職場と救護所をかけもちで何回となく往復しながら、公務のかたわらにする療養と看護は、言語に絶した苦痛の毎日だった。この時ほど生きることのいかに苦しいかを、感じたことはない。むしろ生きたことをのろった。(中略)

あれから二年目、ゆめ、いきどおり、あきらめ、苦難のむちに打ちひしがれた私達は、また多くの同憂の広島人は、骨のずいから世界の誰よりも戦いを憎み、平和をさがし求めている。人類最初で最後の悲劇を、この目で見、この身体で受け、この心で悟り、この生命で感じた。

毎年巡りくる八月六日、私はこうべを垂れて深く想うあの日のことを。心なきおとなどもの犯した世紀最悪のあやまちのとばっちりを受けた汚れなき、罪なき子供ら、啓子・健司・

佑子よ！　年ごとに必ず巡りくる八月六日には、父ののこしたこの記録を開いて、幼き日の不幸な体験を思い起こして、真に争いを憎み、平和を愛する人として成長してもらいたい〉

取材に訪れた私たちに啓子さんがまず見せてくれたのは、この手記だった。そしてなぜ「患者村上」と柱に書いたのか、自分の考えを語った。片目を失い、全身に傷を受けていた母親の姿は、よく知る人が見ても誰かわからないほどだった。だから柱に名前を書いたのではないか。啓子さんと弟の写真だけは肌身離さず、奇跡的に一命をとりとめた母。そしてその傍らで励まし続けた父。啓子さんは患者村上と書かれた柱の前に立ち、墓石のようだと言った。そしてその墓の前に座り込み、泣き崩れた。何かを誓う人の姿だった。

その年の夏、啓子さんはいつもの夏と同じように小学校を回り被爆体験を語っていた。あの日見たこと。母のこと、父のこと。袋町小学校の伝言の話が新たに加わった。父親の「遺書」を読んで育ち、自分なりに務めを果たしてきた啓子さん。母も父もこの世になく、自身も六十を過ぎた二十世紀最後の年、突然現れた四つの文字からどんなメッセージを受け取ったのか。

そのあと啓子さんは驚くべき行動を起こすことになる。

第六章　伝言との対面

判読委員会結成

黒板の裏から伝言が見つかって二カ月。読み取れた伝言の意味が関係者の話で明らかになっていく一方で、読みにくい文字の判読は遅々として進まなかった。関係者からの連絡も、そのうち熱がさめたようにぱったり途絶えた。

残された時間は少なくなっていた。まわりの校舎はすでに取り壊され、鉄の杭が次々と地面に打ち込まれている。調査が終わり次第西校舎も取り壊される。予定どおり平成十四年の春に新校舎を使い始めるなら、取り壊しはできれば五月か六月、どんなに待っても夏までだというのが、建築担当者の言い分だった。

消えて読めない字が読めるようになれば関係者探しが進むのではないか。調査を統括する秋葉忠利市長は、文字を読み解くための委員会の立ち上げを指示した。

座長役を買って出た人がいた。東海大学情報技術センターの坂田俊文教授だ。コンピューターを駆使した画像処理で焼失した法隆寺金堂の壁画を再現したり、宇宙から撮影した映像をもとに砂に埋もれたピラミッドを探しあてたりと、奇想天外な発想、様々な分野の専門家の知恵を統合するバイタリティーで知られる異才である。

坂田さんには個人的な思い入れもあった。東京大空襲で自らも顔に大火傷を負い、周囲の冷たい視線を浴びた経験を持つ。原爆は他人事ではない。一方でヒロシマが発する声が近年急速に力を失っていると感じていた。大多数の日本人にとって戦争が遠い昔になった今、ヒロシマを理解する「共通言語」というべきものが失われつつある。「被爆の伝言」の調査は、新しい共通言語を見つけ出すヒントになりはしないか。坂田さんは直感的にそう考えていた。

壁の伝言を見にきた坂田さんに会った私は、これまでの取材で感じてきたことを伝えた。坂田さんの目がみるみる輝き始めた。

坂田さん率いる画像処理の専門家チームによる作業が始まった。かすれて薄くなったり、消えてしまった文字を読むために、壁の入念な撮影にとりかかった。通常のフィルムでの写真撮影に加え、赤外線フィルムによる撮影が行われた。壁についた煤、つまり炭素は赤外線を発する。その上にチョークの粉がついていると赤外線は遮られる。赤外線の量の微妙な違いをフィルムに焼き付け、肉眼では見つけられないチョークの粉を見つけ出そうというアイデアだ。

二種類の方法で撮られた写真は、東京の情報技術センターで組み合わされ、明暗のコントラストを調節するなどの画像処理が施された。技術的には最高の画像ができあがった。

しかし坂田さんが重視したのはその先だった。文字を読み解くのは結局人間の力だと言うのである。科学の力で最大限強調しても、チョークの文字の痕跡は所詮痕跡でしかない。その痕跡からもとの文字を形づくっていく作業は、文字に関係すると思われる情報を優先的に拾い上げる人間の目というセンサーと、それをもとに文字を再現していく頭脳というコンピューターにしかできない作業だと言うのである。

坂田さんのアドバイスのもと、ユニークな構成の判読委員が招集された。警察の鑑識の専門家、書家、歴史家、そして当時の事情に明るい地区の役員の日高重治さんがメンバーに選ばれた。坂田さんが用意した写真合成画像のほかに、NHKが撮影したハイビジョン映像も判読の材料として用いられた。ハイビジョン映像、それに関係者の取材結果の提供者として私も会議にオブザーバーとして加わった。

判読会議では、どこからどこまでがひとつの伝言なのかがまず確かめられた。そして、行の途中で消えている文の続き、抜けていると思われる行を読んでいった。

会議をリードしたのは鑑識のプロ、広島県警察本部科学捜査研究所の鉄井隆敏さん。線の止め方、はらい方、次の文字への移り方から筆跡のくせを見抜くノウハウは見事だった。次々と特徴をあぶり出し議論の土俵をつくっていく。議論のリズムをいち早くつかんだのは大学教授で書家の安田壮《つよし》さん。筆使いのプロは、この時代に多用された字の崩し方に強い。同じく大

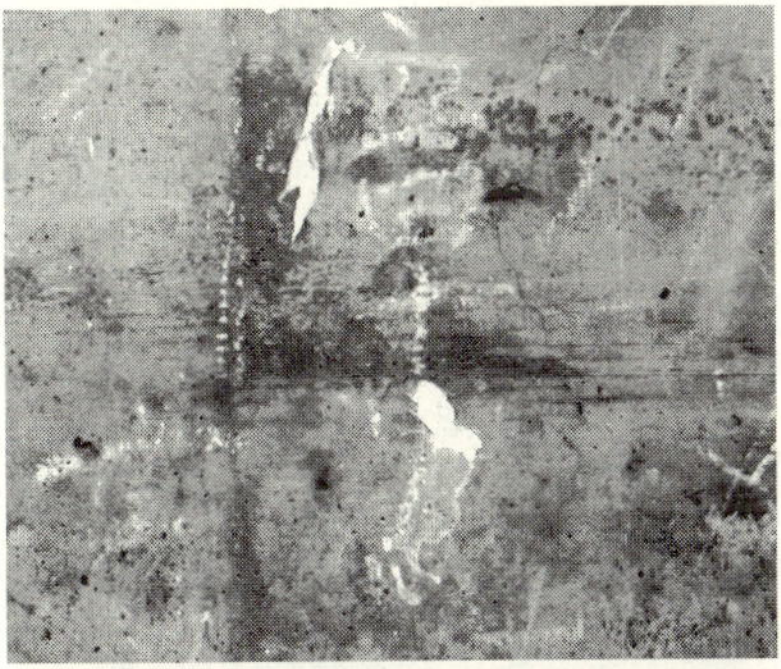

通常フィルムでの撮影

赤外線フィルムでの撮影

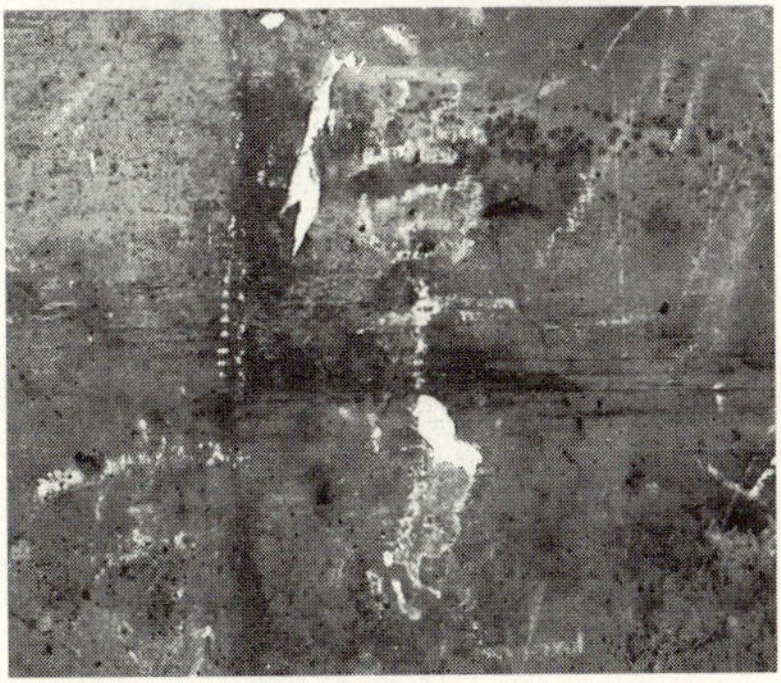

合成画像で「章視」と読めた

学教授で歴史家の松井輝昭さんは、書き言葉によく使われた古語的な言い回しに注目する。

そして頼りになったのは袋町の知恵袋、日高さんだ。「校舎から百メートルほど離れた明治生命ビルも救護所だった」「八月十二日、日高憲之介はこうしていたはずだ」。当時の状況についての知識が判読を助けた。私が提供する関係者からの情報も役に立った。

人間の目は不思議だ。きっかけとなる情報がないとまったく何も読めないのに、「こう書かれていた可能性がある」という情報を頭に入れてもう一度その部分を見ると、文字が浮かび上がってくる。推測に導かれた思い込みではない。一度像を結ぶと、時間をおいても判読に用いる画像を変えても、同じ文字が同じところに見えるようになる。コツがつかめてくると、さらに薄い文字も読めるようになってくる。

黒板の裏の最初の伝言は、ほぼ完璧に読めた。

〈多山本店内
河本房子
右ノ者御存知ノ方ハ左記ニ御知セアリタシ
呉市駅前増岡内　　河原章視

本通十四丁目　河本理吉〉

判読作業を進めるうち、これまで気づかなかった重要な事実が浮かび上がってきた。壁にはどうやら「落書き」があるのだ。伝言が書かれたあと、壁が黒板でふたをされる前に書かれたと思われる。教室に持ち込まれた机の数などのメモ、子供のいたずら書きと思われる書き込みなどが判読された。

落書きを取り除きながら、もう一度伝言の文字を見直していくと、当初の読み方が間違っていると考えられる文字に行きあたった。「田中鈴枝」の「枝」という文字だ。

ふたりの「田中鈴枝」

田中鈴枝は自分の姉ではないかと名乗り出た人がいた。しかし「田中鈴枝」のまわりに書いてあることにまったく思いあたる内容がなかった。前提となる「田中鈴枝」という名前が違っていたら、それは当然のことだ。

「枝」と読める字は、そもそも輪郭のはっきりしない文字だった。「江」とも読めた。枝と読んだのは、「木へん」の左のはらいと「支」の最後の止めが力強く見えたからだ。いったん

「枝」と読んだことが一人歩きしていったという事情もある。

ところが落書きの判読から、「枝」と読む決め手となっていたこの筆使いが落書きの文字の一部だということがわかってきた。落書きは横に「小学生」と書かれている。「生」の字が「田中鈴江」の「江」と重なって「枝」に見えたと判読委員会は結論づけた。

そのほかの読み取り作業も合わせ、判読結果は以下のように修正された。

※当初の判読

〈〇〇医院
田中鈴枝
　　　学
右ノモノ御存知ノ方ハお知らせ下さい
広島県世羅
　　　　子〉

※新たな判読

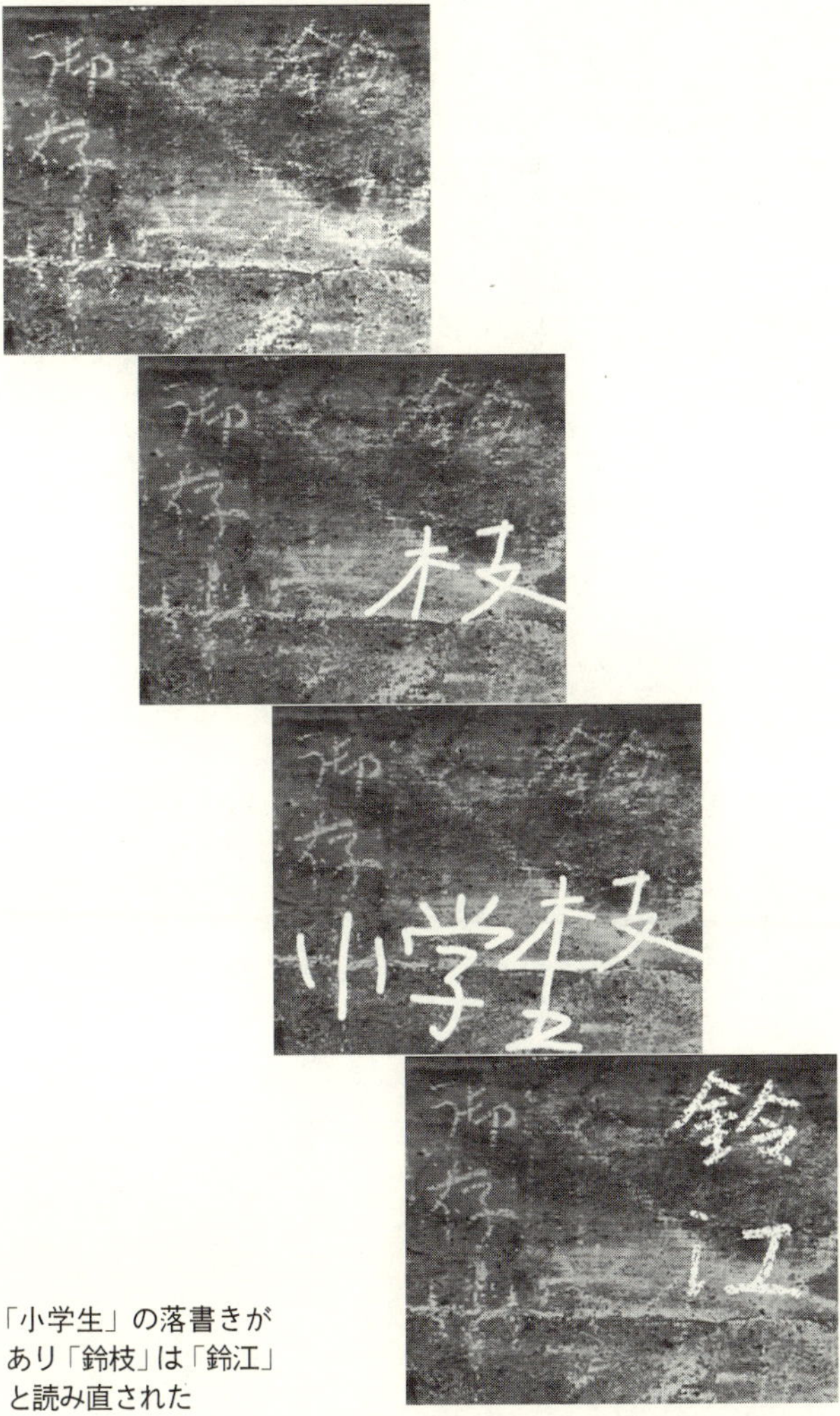

「小学生」の落書きがあり「鈴枝」は「鈴江」と読み直された

〈佐武医院
田中鈴江
右ノモノ御存知ノ方ハお知らせ下さい
広島県世羅郡〉

「田中鈴江」さんはどこの誰なのか。関係者はいるのか。私たちはもう一度取材を始めた。判読結果を素直に解釈すれば、「佐武医院の田中鈴江さんを広島県世羅郡の人が探していた」と読める。世羅からの情報提供は何もない。

電話帳を繰り、田中という名字の家に片っ端から電話をかけた。すると行きあたった。佐武医院で看護婦をしていた兄弟を原爆で亡くしたという人が見つかった。

世羅にその家を訪ねた。一番上のお姉さんと家を継いだ弟さんが迎えてくれた。実は伝言の名前をニュースで見た時、連絡しようかと思ったという。しかし迷っているうち家族が見つかったというニュースが流れ、やっぱり人違いだとあきらめた。そう話してくれた。

話がおかしい。なぜそういう話になるのか。私たちが取材をやり直すことになったのは、名前が違っていたからではなかったか。

世羅の田中さんが探していたのも「田中鈴枝」さんだったのだ。しかし先に名乗り出た家族とは違い、名前が「鈴江」でない以外はすべて説明できる。鈴枝さんは看護婦だった。袋町国民学校のすぐそばにあった佐武医院に住み込みで働いていた。原爆の日も病院にいたはずだ。伝言についてはまったく知らない。しかしあの時広島に娘を探しにいった母親のキクヨさんが書いたと考えれば、すべてつじつまが合う。

原爆の翌日広島に行ったのは父親だった。病院の焼け跡にたどりつき、お骨を見つけて持って帰った。しかし母親は納得しなかった。それでも生きていると信じたい。もう一度今度は母親が広島に探しにいった。なんの情報も得られなかった。

母親はその後も鈴枝さんのことを思い続けていた。上空を飛ぶアメリカの飛行機に向かって石を投げつけていた。その姿を見ていた兄弟には、伝言はたしかに母のものに違いないと思われた。

なぜ「鈴江」なのか。私は「中田喜美子」さんのことを思い出した。当時は本名と異なる漢字を使う習慣があったのではないか。鈴枝さんの遺品を調べてもらった。鈴枝さんが原爆の二カ月前、世羅の母親に宛てて書いた手紙が出てきた。佐武医院のカルテの紙に書かれた手紙。最後に自分の名前を書いていた。「鈴江」だった。

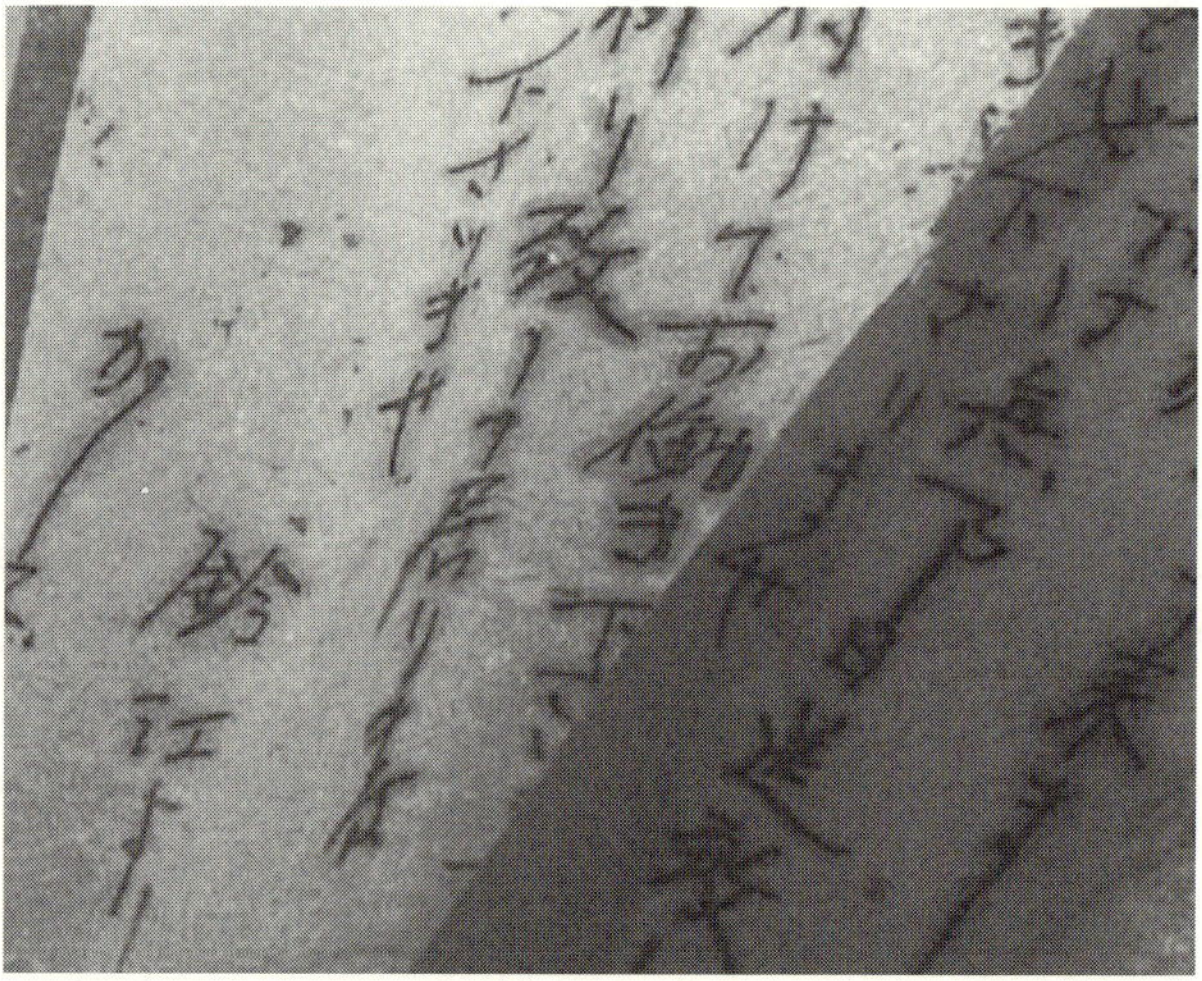

「田中鈴枝」さん自筆の署名は「鈴江」だった

兄弟は連れ立って現物の伝言を見にいった。教育委員会の担当者に案内され、壁の前に立った。ひとりが声をあげた。

「これ見てごらん、世羅。おかあさんの字じゃ」

母親の字だった。それほど特徴のある筆跡には見えない。しかし全員が瞬時にそう確信していた。

次の瞬間、涙があふれた。口をついて出た言葉は、母親への言葉だった。

「おかあさん、よう書いたねえ」

別の兄弟が続けた。

「みんな仲良うせいということじゃ」

兄弟は伝言の文字を追い、一瞬にしてその中に込められたものまで読んでいた。なんとしても娘を探したい、生きていてほしい。母の思いは「家族を大切にしなさい」という声になって届いていたのだ。

封印されていた母親の愛が解き放たれた瞬間だった。

兄弟は何度も同じ言葉を繰り返した。

「ありがとう」

対面を終えた兄弟を見送ったあと、もう一度伝言の文字を読んでみた。

〈右ノモノ御存知ノ方ハお知らせ下さい〉

一行が目に飛び込んできた。なぜかたかなとひらがなが交じっているのだろう。なぜ文の最後にいくにつれ、乱れているのだろう。おかあさんの思いが激しく放射されていた。思わず涙ぐんだ。

間違っていてもよかった

判読結果が発表されたあと、私は「もうひとりの田中鈴枝さん」の妹、春江さんと艶子さんのもとを訪ねた。どうしても見つからなかった姉の名前を見つけたと喜んでいた春江さん姉妹。読みにくい文字だったとはいえ、ぬか喜びになってしまったことについて、あやまりたい気持ちでいっぱいだった。

ところが出迎えてくれた春江さん姉妹は笑顔だった。

「よかったねえ」

自分のことのように喜んでいた。本心だった。あのようなかたちで家族を失った悲しみを知る者だから共有できる喜びもあるのか。

それにしても残念でしたという問いかけに、ふたりは同じことを言った。

「やっぱり小学校まで行ってなくてよかった」

残された自分たちが姉の消息を届けてもらって心の穴を少し埋めることより、あの時姉が苦しんだ時間が一秒でも少ない方がいいのだ。姉妹の中に芽生えていた思いは確信となっていた。でもやはり無用な混乱だったのではないか。そんなことはない。久しぶりに姉と過ごす楽しい時間を持てたと答えた。

ふたりとも、この数カ月間毎日のように姉の夢を見た。お姉さんに毎日会ったのと同じだった。写真も毎日のように取り出して見た。家族の話に姉が登場することもしばしばだった。何十年も持てなかった夢のような時間だった。

遺骨も見つからないかたちで消えてしまった姉。昔は形見の着物で子供の入学式にいったりしたものだが、このごろはそんな機会も少なくなっていた。いくら大切でも、思い出さない日が多くなった。姉のことを知る人も少なくなり、話題にもなかなかのぼらない。忘れられてしまうのが怖い。姉の存在を消されることのように思える。

伝言の関係者が見つかったという私たちの放送さえ感謝された。テレビに鈴枝姉さんの写真が出てよかった。近所の人が見たと言ってくれた。春江さんはこう締めくくった。

「名前を間違えてもらって本当によかった。いい供養になった」

私はまたも、なんとも言えないすがすがしい思いで帰路につくこととなった。

文字をなぞる指先から伝わってくるもの

判読委員会は、もうひとつの課題に取り組んでいた。菊池俊吉さんの写真にあった「西京節子」さんの伝言の確認だった。

そもそも新たに見つかった二枚の写真はどこを撮ったものなのか。菊池さんの写真が撮られた順番を見れば、場所のわかっている大判のフィルムで撮った伝言の場所からそう遠くないことは確かだ。

注意深く近くの壁を観察するうち、広島大学の三浦教授は文字の一部がすでに姿を現していることを発見した。場所は玄関の脇、一階から地下へ降りる階段の脇の壁。階段を上り下りする多くの人が手すりのあたりをさわるため、塗りなおした漆喰がはがれて被爆当時の壁面が露出していたのだ。

字は三浦教授の理論どおり黒かった。写真の伝言の二行目、西京節子さんの住所「新川場町」の一部がかすかに読み取れた。

ちなみにもう一枚の写真「藤木訓導住所」の伝言は、「西京節子」の向かい側の壁を撮ったものだと三浦教授は結論づけた。字の確認のため戦後に塗った壁が入念にはがされた。しかし何も出てこなかった。本当にこの場所なのかと疑いたくなるほどだった。壁は丁寧に洗われていたのだ。

一方「西京節子」さんの写真には弱点があった。それは一行目。


〈京節子〉


写真から見切れ、「西京節子」の「西」の字が見えない。西の字があったとするのは、厳密に言えば推測にすぎない。たしかに西京節子と書かれていたことを証明するには、壁の痕跡に頼るしかない。

東海大学の坂田さんが主宰する判読委員会が、「西」の捜索に挑むことになった。

戦後に塗られた壁がはがされた。「西」の場所はおおよそ見当がつく。しかしそれらしきものが見えるだけで、字は見えない。東海大学のスタッフが、通常のフィルムと赤外線フィルムを使って二種類の写真を撮った。東京に持ち帰り、情報技術センターのコンピューターで画像処理が行われた。

処理が終わったとき、見せてもらうことにした。処理前の画面から徐々に画像が変化していく。出てきた。「西」の字だ。ほかの字と同じくかなりくせのある字だ。大きく右に傾いている。背はそれほど高くなかったという掛川浅雄さんが、背伸びして書いた様子が見て取れた。

ほかの文字はどうか。伝言のほぼ全体にあたる壁がはがされたが、肉眼で読めるものはごくわずかだった。画像処理したものでも、文字は消えたり現れたり。写真があるからかろうじて追えるというのが正直なところだった。

読めない文字が読めた

伝言が壁から見つかったことが家族に知らされた。さわってみたいと話していた西京節子さんの妹の礼子さんと叔母の掛川利子さんが校舎にやってきた。ふたりとも丁寧に化粧していた。

壁がはがされ、板壁が取り除かれて、半世紀前に戻った廊下を歩く。階段の場所に近づいていく。教育委員会の職員が指し示す先にその壁はあった。

「まあ、大きな字じゃ」

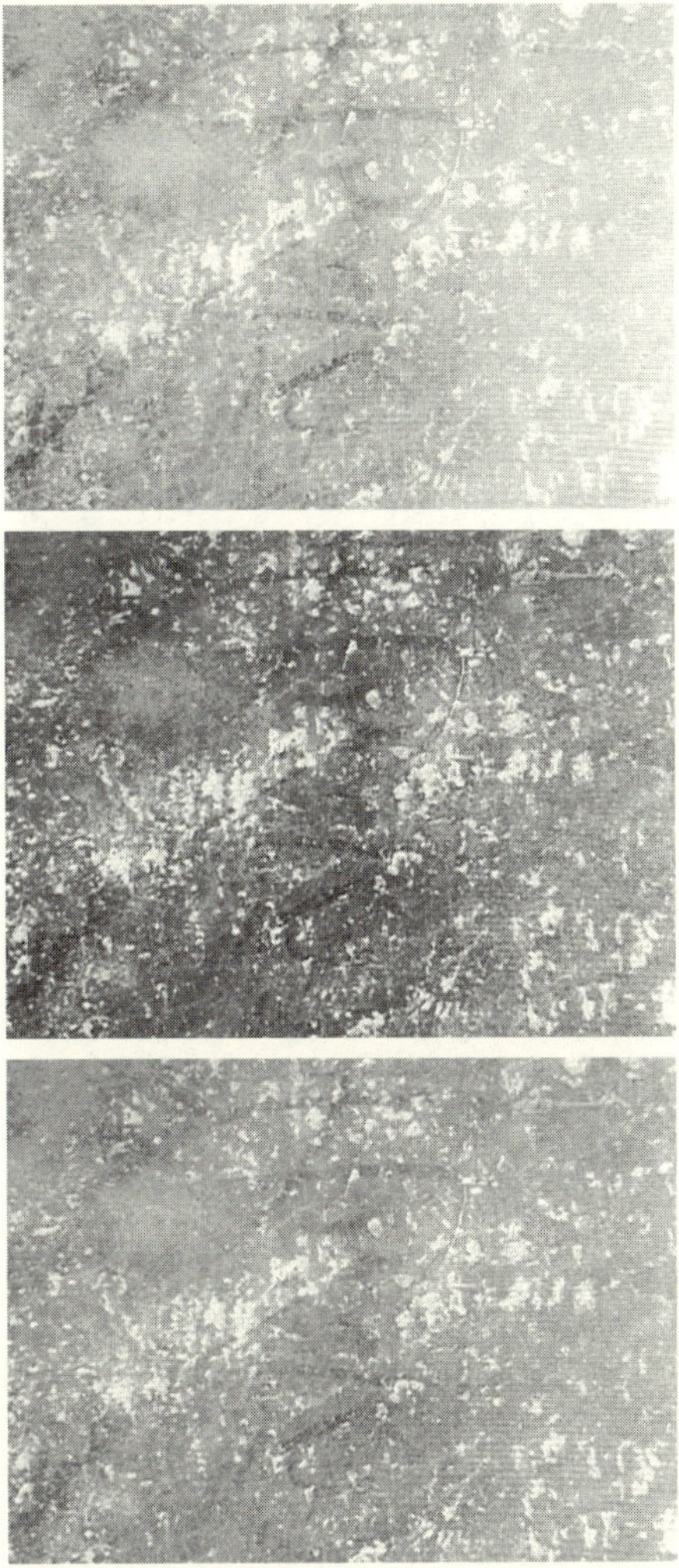

上は可視光線で、中は赤外線で、下は合成して「西京節子」の「西」が確認された

礼子さんが感嘆の声をあげた。

壁の前に立っただけで感極まった利子さんをよそに、礼子さんは吸い寄せられるように壁に近づいていった。最初に見つけたのは、なんと写真になかった西京節子の「西」の字だった。指さした場所は正確だった。

「西京一夫」

「本校一年」

礼子さんは、われわれには画像処理でやっと読めた文字を、肉眼で次々と読んでいった。写真を何度も見てすべて暗記していたからかもしれない。しかし最初に読んだのが写真になかった「西」の字であったように、明らかにそれだけではない。しかも礼子さんは戦後生まれで、伝言が書かれた時を共有しているわけではない。伝言は思い出す対象ではないのだ。

「よくわかるねえ」

あの時を生きた叔母の利子さんの方が、礼子さんに驚いていた。

なぜ読めるのか。合理的な説明はできない。それでいいのではないか。

あえて言えば家族だからだ。亡くした子を思う母の愛を受け継ぎ、自分の中で育んできた家族だからだ。並大抵でない思いで壁の前に立った礼子さんから、常識でははかれない力が引き出されていた。私は目の前で繰り広げられる光景に、ただ圧倒されていた。

写真を見た瞬間に「お姉さんに出会えた」と声をあげた礼子さん。実物の伝言を前にして、もはや言葉はいらなかった。指先を壁にあて、彼女にはたしかに見える文字の線をなぞり始めた。しばらくすると壁を見上げた。目尻に涙があふれてきた。礼子さんはお姉さんと対面していたのだ。

タイムスリップしたような空間に、校舎の隣で進む新校舎の建設工事の音だけが響いていた。

第七章　そして残されたもの

白い夏

夏が近づいていた。当初五月か六月とされていた校舎の取り壊しはのびのびになっていた。まわりの工事は日に日に残された校舎に近づいている。一番工事が進んでいる場所ではすでに杭を打つ工事が終わった。建物の端が西校舎の建っている場所にひっかかるため、その先の工事ができない。このままでは二年後の春に新校舎を使い始めるという計画は難しくなる。

工事の施主である広島市は、それでも取り壊しを決断できなかった。広島はだんだんあの日の記憶をよみがえらせていく。市役所の中も平和式典の準備などで慌ただしくなっていた。中国新聞の紙面は連日原爆関連の記事で埋められるようになる。ＮＨＫ広島の原爆報道に取り組む「核・平和プロジェクト」は、二十世紀最後の原爆の日にあたり、ローカルニュースの中で七月一日から八月六日まで毎日一本原爆に関わるリポートを放送した。

七月に入り、原爆の日までの数日間、袋町小学校の伝言が一般に公開されることが決まった。驚かれるかもしれないが、それまで伝言を見ていたのは、マスコミへの公開日に集まった記者やカメラマン、家族などの限られた関係者だけだった。いちいち見学を許していては工事が進まない。そんな説明がなされていた。

せみの声がきこえるようになると、町の雰囲気が変わってくる。平和公園をとりまくように町のあちこちに建てられた原爆死没者の碑で、慰霊の集いが準備される。心なしか人々の表情も変わるように見える。太陽の照り返しのせいか、白いシャツが増えるからか、広島の夏は白い。袋町小学校の白い校舎も、白さを際立たせて、ひっそりと最後の晴れ舞台を待っていた。

なつかしの寺へ

七月十六日、ある同窓会が開かれた。先生と共に疎開先であの日を迎えた子供たちだ。校舎から伝言が見つかったことをきっかけに、新聞やテレビを通じてもう一度集まろうと呼びかけていた。行方知れずになっていた同級生が名乗り出た。五十五年ぶりの再会を果たした級友は、なつかしの寺へ向かった。

実は今回の取材を陰で支えてくれたのは、同級生のグループだった。最初に出会ったのは、当時袋町国民学校を卒業したばかりだったグループ。被爆したのは中学にあがってまもなくで、そのあとは苦しいことばかりだった。小学生時代が一番楽しい思い出なのだと言う。定年を迎え、ゆっくり昔を思い出す年代になって、一番会いたいと思ったのは六年生の時の仲間だった。だから「被爆の伝言」の調査で思い出の校舎、あの時代にスポットがあたるのは自分のことのようにうれしかった。グループのとりまとめ役をしていた今田宏行さんは、番組のスタッフのように取材チームの部屋に足を運んでくれた。同級生たちから集めた当時の写真を見せてくれた。木村先生を紹介してくれたのも今田さんだ。

しばらくして、もう一年下の学年のグループと知り合った。疎開先の寺にいた六年生だ。彼らにとって伝言の調査は少し意味が異なる。なつかしいが、痛いのだ。「木村先生来校」「多々良来るも残念ながら帰る」と伝言を残した先生たちは自分たちの不安と期待を背負ってあの時学校に来たのだ。結果を考えればなおさらである。

寺を去った同級生の大半は音信不通だった。消息を追う努力が続けられていた。同級生探しの中心となっていた中川太芽雄さんが、その役を買って出たのにはわけがあった。疎開した子供の多くがみなしごになる中で、中川さんは不幸を免れた。原爆の前夜、母親がたまたま中川さんに会いにきていたのだ。戦後もしばらく寺の近くに住むことになった中川さんは、離ればなれになる仲間を見送った。戦後、生活が落ち着くと、中川さんは同窓会を結成し、ばらばらになった同級生の消息を追う役目を自分に課した。

「申し訳ない気持ちでいっぱいでした。あの人たちの戦いはあの時から始まったんです。同級生探しを始めたのは、罪滅ぼしをしたかったからです」

見つかった伝言は、同級生の心を揺さぶるはずだ。連絡をとりたいが勇気が出ない仲間が名乗り出てくれるかもしれない。中川さんたちは、伝言の発見を追い風にしようとした。

結果、ひとりが名乗りをあげた。意外にも広島市内に住んでいた。メンバーの詰め所になっていた場所から歩いて数十メートルの広島市民球場で働いていたこともあると言う。でも誰にも会わなかった。

同窓会当日、寺へ向かうバスには二十人余りが乗り込んだ。木村先生は体調がすぐれず来られなかったが、先生も数人参加した。バスの中はにぎやかだった。さびしくて寺を抜け出して広島を目指し、先生に連れ戻されて叱られた話、ふとんむしにされて気絶した話。今ではよき思い出だ。

寺にはなつかしい顔があった。母親代わりをしてくれた近所のおばさんたちが首を長くして待っていた。駆け寄って手をとる。小さかった頃の面影を見つける。初老の男性の表情は小学生に戻っていた。

おばさんたちが用意してくれたおにぎりをほおばった。寝起きした部屋に車座になって座った。

みなさんの話に聞き入った。他人のめしを食って生きた少年時代の苦しみ。親がいないことを理由に結婚を断られた時の悔しさ。身寄りのない町に出て努力を重ね、大きな会社の重役になった同級生のことをわがことのように自慢する人。寺で病気になった時、おぶってくれた先生の背中の感触が、がんばれた原動力だったと涙を流す人。

もう夕暮れが迫っていた。最後に袋町国民学校の校歌を歌った。寺を出る時、数人が門で立ち止まった。いつも広島からの汽車を見つめていた門だ。遠くに駅が見えた。

八月六日

平成十二年八月六日、私は広島平和記念式典中継番組のスタッフの一員として、夜明け前の平和公園へ向かった。薄明かりの中に多くの人影が見えた。正装で手を合わせ頭を垂れる老婦人に並んで、慰霊碑に手を合わせた。橋にも、川のほとりにも、手を合わせる人の姿が見られた。八月六日は広島の命日だ。八時十五分、平和公園に鐘の音が響き、ハトが空を舞った。

公開された袋町小学校には多くの人が押しかけていた。老婦人は「見ているうちに心が引きずりこまれるようだ」と語った。高校生の女の子は「五十年たってもこういうものが残っているところに私は住んでいるんだと思った」と言った。乳母車を押して子供と一緒に見にきた若い母親もいた。みなが伝言の壁の前で静かに立ち止まった。

「袋町々内会」の三行右に「世波浅吉」の文字が浮かび上がってきた

同級生に囲まれ、壁をのぞき込む人もいた。最後に判読された伝言を書いた世波浅吉さんの息子の幸男さん。判読を完成させたのは、同級生の会の今田さんの情報だった。同級生の中に世波さんがいたのだ。情報をもとにもう一度壁に目を凝らすと「袋町町内会」の文字の三行ほど前から字が浮かび上がってきた。「世波浅吉」の字はそれほど薄かった。

この日、同級生は一緒に伝言を見にきた。地元の消防団を率い、先頭に立って地域の人たちのために動き回っていた父親の浅吉さんを知る人が多い。世波さんをとりまく笑顔、泣き顔。仲間と共に半世紀前の父の勇姿に対面した世波さんの顔は輝いていた。

この日を最後に、校舎は再び立ち入り禁止となった。

保存物になった壁

発見された伝言をどのようにして保存するか。校舎全体を保存すべきだという声ももちろんあがった。しかし広島市の結論は覆らなかった。伝言が集中している階段付近の一階と地下部分はそのまま残し、離れた場所にある「黒板の伝言」は切り取って保存部分に移すことになった。

ではどうやって切り取るか。工事用のカッターは切る時大量の水を使う。振動も大きい。チヨークに水がかかったり、振動ではがれたり、切り取った壁が割れてしまったりしないように、切り取り方が検討された。様々な専門家に相談した結果、伝言の面を鉄骨で固定し、アクリル板を張りつけた上で、裏側から工事用のカッターでふたつの部分に切り分けることになった。

八月末、切り取り作業に立ち会った。すでに鉄骨とアクリル板は張られている。刃が入るあたりにはさらにビニールの囲い。仮面をかぶったようだ。壁の裏には、直径一メートルほどもある丸い歯を持ったカッターが備えつけられていた。

こすれるような金属音と共に、カッターが回り始めた。壁にあたる。轟音《ごうおん》。みるみる歯が壁の中に入っていく。

教室の側へ回った。伝言が書かれた下のあたりから歯が出てきた。少し水が飛び散っているが、ビニールのかぶせ方がうまく、チョークにはかかっていない。しかし残酷な光景だ。そして縦にカッターの歯が入った。伝言の行と行が切り離された。

いよいよ壁から取り外す作業が始まった。あらかじめ壁に打ちつけられた鉄骨に鎖をつなぎ、教室の真ん中に備えつけたジャッキで引っ張る。

鎖をたぐる音。壁がきしむ。端のコンクリートが少し砕けてこぼれる。あっと思ったら、壁は宙ぶらりんになった。鎖につながれ所在なげにぶらぶらと揺れている。

その瞬間私は思った。伝言の壁は「展示物」になった。もうこれからここで何かを見つめ、何かを刻み込んでいく存在ではなくなったのだ。これほどむなしい気持ちに襲われるとは思っていなかった。工事現場の主任は、切り取られたコンクリートの断面を見て、その緻密さに舌をまいていた。

しばらくして、校舎は重機で壊された。窓枠が落ち、壁に穴があく。あっけなかった。原爆の爆風と炎にも耐えた校舎は、数日後には跡形もなくなっていた。

私の中に残された「あの日」

伝言の調査を見つめ、関係者に話をきいてあの日を再構築する日々は一年近くに及んでいた。更地《さらち》となった校舎の跡地では、もう鉄の杭が打たれ始めていた。半世紀もの間伝言を守ってきた校舎は消えた。伝言を留めた壁だけを残して。そしてまったくの門外漢だった私の中に、校舎と伝言に関する膨大な情報が残った。

被爆直後、校舎にはどんな人々が行き交い、何を語り、何をしたのか。集めた情報に私の推測も少し加え、整理して記しておきたい。

原爆が投下された昭和二十年八月六日午前八時十五分。袋町国民学校には主に三年生以下の児童数十人と、数名の先生がいた。多くは校庭に出ていた。爆心地から四百六十メートル。

被爆した児童は大火傷を負い、その場で亡くなった子がほとんどだったようだ。校舎の中にいた先生と児童の何人かは生き残り逃げたとのことだが、その先生も今は亡く、詳しいことはわからない。校庭で被爆した先生は少しは動けたのか、児童の遺体は校庭に整然と並べられた。しかし先生も力尽き、校庭の端、天皇の写真を掲げる奉安殿という建物で折り重なるようにして亡くなった。衣服は焼け、ほとんど裸だった。

木造の校舎は倒壊。その後起きた激しい火災で焼き尽くされた。当時としては最新の鉄筋コンクリート三階建ての西校舎だけが焼け残った。窓枠は吹き飛び、ガラスは粉々になって壁に突き刺さった。建物の中にあったものもことごとく焼けて、打ちっぱなしのコンクリートの部分だけが残った。廊下や教室に使われていた松の板材が燃える時に出た大量の煤で、コンクリートの壁は真っ黒だった。

私が話をきいた中で、被爆後一番先に校舎にやってきたのは、近所に住んでいた野村タツ子さん、隆さん兄弟だった。その日の夜を校舎の地下で過ごした。家を失った袋町の人が次々校舎に集まってきた。玄関とは反対側、一階の端の教室は、町内会の詰め所になっていたようだ。

大きな傷を負わなかった人たちが、ここを拠点に活動していた。行方不明者の捜索、負傷者の救援、食糧や住居の確保などに走り回っていたと考えられる。日高憲之介さんや世波浅吉さんが陣頭指揮をとっていたようだ。いずれもほかの場所に移る時壁にチョークで連絡先を書いている。日高さんは明治生命のあったビルへ、そのあと広島郊外の安佐郡安村、古市橋の近くへ。そこで病に倒れた。世波さんは、郊外の安芸郡府中町にいた親戚、五味貞子さんの家に移り、毎日そこから袋町へ通っていた。

原爆の翌日から、学校の関係者が次々やってきた。爆心地の近くで被爆した人の多くは、避難場所とされていた比治山にいったん逃れ、翌日町に戻ってきた。

高等科の児童を連れて建物疎開に出ていた加藤先生が、玄関の脇の一番目立つ場所に最初の伝言を書いた。やっと見つけた教え子瓢文子さんの面倒を、夏休みでいなかに帰っていた同僚の藤木先生に託すものだった。加藤さんは高熱を出し、数日間自宅で寝込んだ。藤木先生は加藤先生と入れ違いで学校に来た。しかし途方に暮れるばかりで、何もできなかった。大火傷を負い、百メートルほど離れたビルの一階、精養軒というレストランの跡に横たわっていた瓢さんは、姉に助け出され、その場を離れた。

児童を探す家族も次々と学校を訪れ、伝言を書いた。しかし遺体を確認できた人はほとんどない。校庭に並べられていた児童の遺体は二、三日のうちに軍隊によって収容され、町のあちこちから集められたほかの遺体と共に焼かれたと考えられる。西京節子さん、土井佑子さんは校庭に出ていて即死したのか、どこかへ逃げて力尽きたのか、それとも登校途中で被爆したのか。

疎開先から子供たちのために先生が広島に出てきたのは、五日ほどたってからだった。市内に入るには特別の許可が必要だったからだ。しかしその何日かが、探していた人と出会うチャンスを永遠に遠ざけた。校舎に寝泊まりしていた人たちが疲労を感じ、あるいは新たな拠点を確保して移動したのが、まさに五日ほどたった頃だったのだ。

木村先生が一緒に疎開していた児童の中には日高憲之介さんの娘さんがいた。お父さんはどうしているかと先生にきいていたひとりだった。しかし木村先生が学校にたどりついた日、日高さんは明治生命に居場所を移した。伝言を見ていればもちろん出会えたはずだ。しかし玄関から遠いその部屋をのぞくことなく、木村さんはあてもなく焼け野原へ出ていった。

ほかの町から広島に出てきて家族を探す人も、校舎に来て伝言を書いた。多山本店に住み込みで働いていた河本房子さんを探しに呉からやってきた河原章視さんと河本理吉さん。佐武医院に看護婦として勤めていた田中鈴枝さんを探しにきた母親のキクヨさん。

多くの人が救護所を回り、市内の至るところに設けられていた遺体の焼却場を回った。せめて遺骨を持って帰りたい。衣服に縫いつけられていた名札が遺骨と共に置かれていて、それだけが頼りだった。最初に連絡をくれた野村タツ子さんの家族のように、本人のものかどうかあやふやなまま遺骨を持ち帰った人も少なくなかったようだ。

ところでその野村タツ子さんは、袋町からほんの数百メートルの土橋というところで被爆し、本当に袋町と反対方向に逃げたのだろうか。袋町国民学校へ来なかったのだろうか。百パーセント来なかったとは言えない。同姓同名のあかの他人が書いた伝言を見て、返信を書いたということも考えられないわけではない。野村タツ子がふたり、田中鈴枝がふたり。なんという偶然か。

調べてみると、書いた人の思いもむなしく、伝言はほとんど役に立たなかった。記した連絡先で待った人に情報が届けられたという話はない。連絡先を訪ねていけばその人はいない。そもそも伝言をほとんど見ていない。大切な人は結局いまだに見つかっていない。

菊池さんの写真をよく見ると、いくつかの伝言に大きなバツ印が書かれている。最初に気づいた時、私は用が済んだからバツをつけたと想像した。しかし取材していくにつれ、そんな甘い状況でなかったことを思い知らされた。今理由を想像せよと言われれば、私は悔しさで書いたバツ印ではないかと答える。探しても探しても、なぜ見つからないのか。今もどこかで、苦しみながら助けを待っているのではないか。身を引き裂かれるような思いが込められたのではないか。仮説の当否はともかくとして、伝言を書いた人がそんな思いを持ち続けていたのは確かだ。

想像を絶する混乱、想像を絶する光景。瓢さんの言葉を覚えているだろうか。膿と蛆にまみれた顔を見て、人が気絶してしまうので、目と鼻のところだけ穴をあけたガーゼを顔にかぶせていた。村上さんの話を覚えているだろうか。母親の人相があまりに変わって誰かわからないので、柱に「患者村上」と書いたのではないか。

菊池さんが撮った袋町国民学校の治療風景。その真ん中で患者に包帯を巻く若い女医、大田萩枝さんにも話をきいた。当時の救護所はどんなだったか。大田さんは何も覚えていないと答えた。あんなに大変な日々だったのに、今の人にあの時のことを話してきかせたいのに、何も思い出せないと言う。覚えているのは毎日毎日息をひきとる患者を看取ったこと。原爆症という対処不能の状態で亡くなっていく患者たちに、医者として何もできない悔しさ。ある時救護所にやってきた外国人に猛烈な剣幕で食ってかかったこと。それが救援のため広島を訪れた赤十字のジュノー博士だったことを知ったのは、ずっとあとのことだった。救護所のすさまじさは、まさに想像を絶するものだった。

　絶望と呼ぶにふさわしい焼け野原を、それでも一縷《いちる》の望みを持って歩き回り、家族を、教え子を探した人たち。その人たちが残した伝言。枕崎台風が駆け抜け、秋の気配が色濃くなった広島を訪れた写真家は、その文字に目を留めた。感性が伝言に込められたものに鋭く反応した。そこには原爆の爆発力の強さも被害の大きさもない。そこにあるのは、極まった人の思い、人間の愛だ。伝言の写真はだから異質なのだ。

　伝言をカメラに収めたあと、東京に帰る直前、写真家菊池俊吉が被写体に選んだものがあった。それは「復興祭」だ。神輿《みこし》をかつぎ、威勢のいい声をあげる人たちの姿が見える。希望を失いかけた町に久しぶりに笑顔が戻っていたに違いない。

　銀座で復興祭が行われたのはそのあとのことだ。菊池さんは銀座の復興祭にも出かけ、写真を残している。

　復興に立ち上がる広島の人々の姿を、そしてそんな人間の思いをフィルムに焼きつけようとした菊池さんの思いを表すエピソードである。

菊池俊吉さんが昭和20年10月に撮影した広島の「復興祭」

終章　テロと戦争の時代に

ニューヨーク「爆心地」の伝言

「被爆の伝言」の取材に飛び回っていた時から三年が過ぎようとしている。

伝言と対面した関係者は、そのあとどうしたか。

疎開先の寺であの日を迎え、同級生を探し続けている中川太芽雄さんから、その後ずいぶんたって電話をもらった。またひとり見つかったと言う。その人は伝言の発見を契機に行われた寺での同窓会を写したテレビ番組を見て連絡してきたそうだ。連絡するまで一年以上かかった。みんなに会いたい。でもふんぎりがつかない、思い出したくない。あの日を体験した人たちの悲しみ苦しみはそれほど大きい。しかし勇気を出して連絡をとり、再会した喜びもまた想像を絶する。同窓会に同席させてもらった。とにかく驚いた。こんなに楽しい同窓会が存在するのか。

不謹慎かもしれませんがと前置きして中川さんに正直に言った。

「私にはこんな同級生はいない。うらやましい」

悲しみ苦しみを共有する間柄だから結べる絆がある。

悲しみや苦しみはない方がいい。一般的にはそう言える。しかし悲しみ苦しみを知って初めて獲得できるものもあると思う。知らない人間には何かが欠けている。そんな人が増えている。東京の土井さんが、どうせわかってもらえないから語らないと言った話を今あらためてかみしめている。

柱に書かれた「患者村上」という文字から命を賭して平和宣言を書いた父の声をあらためてきいた村上啓子さんは、身を削るように行動し続けている。

同時多発テロは広島の人々に衝撃を与えた。テレビを見た多くの被爆者が、半世紀前の広島を思い出したと語った。しかし平和都市広島は有効なメッセージをなかなか発信できなかった。それではなんのための広島か。ヒロシマを体験したひとりの人間として、テロに向き合い、できることをしたい。半年後、ニューヨークのテロ被害者の遺族を訪ねようという市民グループが結成された。その中に村上さんがいた。後輩のディレクターが同行した。

村上さんたちはニューヨークに行き、遺族と会った。肉親の死を報復の理由にするのを許さないと訴える遺族と語り合い、思いを共にした。広島が悲惨な体験を平和へのエネルギーに変えてきたことの意味を確認した。

被爆者たちは遺族と手をとり合い、肩を組んで、「爆心地」と呼ばれるようになった世界貿易センタービルの崩れ去った廃墟へ向かった。巨大なビルは跡形もない。

近くの教会に立ち寄った。教会を囲む壁を見て目をみはった。一面に書き込みをした紙や写真などが貼ってあった。多くは「伝言」だった。村上さんはそのいくつかを手に取り、しばらく壁の前で立ち尽くした。

しかしそのあと開かれた集会で、村上さんは思いがけないことを語った。テロ被害者の遺族を前に、それでもニューヨークと広島は同じではないと思うと言った。村上さんは「二十一世紀の爆心地」に立ち、あらためて原爆の比類なきおそろしさ、非人道性を認識したのだ。「核テロリズム」の危険さえ言われる時代に、ヒロシマをこそ語らなければならない。被爆者しか語れないことがある。

村上さんの活動は続いている。イラク戦争のさなかにも、ヨーロッパに行く計画を立てていた。自分の足で歩ける限り、各国の平和団体を回り対話を重ねていく。ヒロシマの理解者をひとりでも増やしていくつもりだ。

原爆を体験した人でなければできないことがある。

「遺言」の時代に

二十世紀最後の原爆の日が去り、二十一世紀最初の原爆の日も終わって、原爆の記憶を喚起する機会は確実に少なくなっている。私自身は決して熱心な原爆の取材者とは言えないが、「被爆の伝言」をめぐる奇跡のような出来事を直接見聞きした者として、広島のこれからのために何かを残しておくべきだと、今強く思う。

私たち広島に来た取材者が必ず手に取る大江健三郎さんの『ヒロシマ・ノート』が書かれたのも、ヒロシマが直面していた危機につきうごかされてのことだった。昭和三十年代の終わり、広島は原水爆禁止運動の分裂、対立に揺れていた。どの党、どの国を支持するかではなく、「原爆の悲惨」こそを原点とする人たちの声を伝えようとするものだった。しかしさらに時を経て、その原爆の悲惨さえ当たり前には共有できない時代になった。被爆都市広島においてすらである。

『ヒロシマ・ノート』の主人公たちのほとんどは、すでにこの世にない。そればかりか遺志を継いだ世代の人たちが次々亡くなっている。原爆の悲惨を自分の体験として語れる人がいなくなる時は、遠い将来のことではなくなった。

私が取材した人たちも、その後次々亡くなっている。病床にあった野村タツ子さん。ついに声を発することはなかった。豪快な笑い声が印象的だった写真家の林重男さん。自らの寿命を感じていたのか、自宅で保管していたネガを亡くなる直前原爆資料館に寄贈していた。私たちが集める証言がそのまま「遺言」になる時代が来てしまった。

　どうすれば被爆者の体験を引き継げるのか。もういいのではないかという声も、実は広島の中に多くある。半世紀も前のことにいつまでこだわっているのか。町の活気のなさ、経済の不振の原因さえそこに求める人たちがいる。

　しかしその一方で、今こそヒロシマなのだという声も大きい。アメリカ同時多発テロ以降、世界が突入したテロと戦争の時代。戦後一貫して平和を訴えてきた広島への期待は大きい。原爆で受けた苦しみや悲しみを、怒りと報復にではなく、平和へのエネルギーに変えてきた広島の歩みは、人類の歴史上ほかに例を見ない。今世界をおおう報復の連鎖を断ち切る力、あるいは資格を持つのは広島だけなのではないか。だからこそその原動力となる原爆の悲惨、あるいは悲惨を身に受けた人々の苦しみや悲しみの継承が重要となる。

　継承のキーワードはなんだろう。「想像力」ではないかと私は思う。自分が体験しないことでも想像することはできる。ただし想像するには、未知のものと自分の体験を結ぶ術を知らなければならない。広島に生まれ、育っただけではその術を獲得することはできない。広島をおおう閉塞感はそこから生まれている。

「被爆の伝言」にはその埋めがたい何かを埋めるヒントが隠されていると思う。半世紀もの間伝言に封印されてきたもの。それは人間の「愛」だ。家族への愛、大切な人への愛。戦争を知らない世代でも愛することは知っている。愛が突然引き裂かれたらどんなに苦しく悲しいか、想像できる。原爆の悲惨は現代に生きる者にとってまさに「想像を絶する」ものかもしれない。しかし愛の破壊と喪失が何万、何十万と重なるとどんなに苦しく悲しいかは想像できる。何万、何十万をたしていけば、またはかけていけばいいのだ。

袋町小学校平和資料館

袋町小学校には新しい校舎が建ち、伝言の書かれた場所は、伝言の書かれた壁を見てもらうための資料館になった。平成十四年春のオープニングセレモニーには、日高重治さんや、同窓会の中川太芽雄さんなど、なつかしい顔がそろった。マスコミ各社の記者も駆けつけた。伝言の取材をしていた時には見かけなかった若い記者の顔が多く見られた。原爆取材は取材の原点とも言えるものであるため、若い記者の修業の場となっている。

テープカットのあと資料館に入った記者たちは、教育委員会の担当者に次々と質問を投げかけた。伝言はどこで見つかったのか。なんと書いてあるのか。関係者は今どうしているのか。記者の間でさえ継承はかくも難しい。私は自分が取材で得たものの大きさをあらためて思った。

見学者はオープンから一年ですでに二万五千人を超えている。平和学習で伝言を見にきた大阪の小学生に、取材で体験したことを話す機会があった。子供たちには原爆の知識はないと言っていい。修学旅行の前に一生懸命覚えた「昭和二十年八月六日」といった知識から原爆の悲惨を想像することは難しい。

でもおとうさんやおかあさん、おじいさんやおばあさんは好きでしょう、亡くなったら悲しいでしょうという問いかけに、子供たちはうなずいた。突然消えてしまった家族を探すことになり、どうかどこかで生きていてほしいと伝言を書くとしたらどんな気持ちだろう。そんな伝言が無数に書かれるような出来事は、どんなに悲しいことだろう。退屈顔できょろきょろしていた子供たちはいつしか黙り込んでいた。

行方の知れない家族や教え子、愛する人を探して原爆の焼け野原を歩き回った人たちが、重症患者のうめき声で満ちる校舎にたどりつき、煤で真っ黒になった壁にチョークで書いた伝言。戦後張りつけられた黒板の下で半世紀、先生と児童のやりとりに耳をすまして過ごした伝言。校舎が取り壊されることになって、様変わりした現代の広島によみがえった伝言。

機会があったら、資料館の伝言の前に立って、そこに書かれた文字をじっくり読んでみてほしい。

〈多山本店内
河本房子
右ノモノ御存知ノ方ハ左記ニ御知セアリタシ
呉市駅前増岡内　河原章視
　本通十四丁目　河本理吉

世波浅吉
安芸郡府中町青崎南
五味貞子方
袋町町内会

佐武医院
田中鈴江
右ノモノ御存知ノ方ハお知らせ下さい

広島県世羅郡東大田村字井折
田中幸一

日高憲之介
（八月十二日）
明治生命跡ニ移転ス又ハ
当校ニナルカモシレマセン
ヨロシクオネガヒイタシ
マス

中田㐂美子

姉様江

野村タツ子

野村タツ子江

清　矢野
　〈帰って
日高憲之介
安佐郡安村
（古市橋西詰）
木本カネ方〉

知らないはずのあの日が、あなたの中によみがえってくる。

あとがき――三年後の出来事

突然の電話

筆を擱《お》こうとしたまさにその日、私あてに一本の電話がかかってきた。取り次いだスタッフから、何年か前「被爆の伝言」の番組を作った人につないでほしいそうだと受話器を渡された。いったい誰だろう。私が取材したことを本にまとめている最中だと知っている人は、NHK広島と集英社の関係者以外にはほとんどいないはずだ。

電話の声は年配の女性のものだった。「井上さんですか」と問われ、「そうですが」と答えた。平成十二年にスペシャル番組を放送した直後、その女性は広島放送局に電話をして、質問に答えてもらったことがあるということだった。

「袋町小学校が救護所になったのは何日からでしたか、と聞いたら、十一日ごろだと思います、と答えていただいたんです」

ぼんやり思い出した。そういえばそんな電話を受けたことがあった。

「私は被爆者で、今は大阪に住んでいます。当時の家は袋町で、小学校のすぐ近くでした。原爆の落ちた翌日の夜を、小学校の二階の教室で過ごしました。その時二十三歳で、教室にいた人の中では一番若い方でした」

息をのんだ。三年前に繰り返し体験した「不思議な因縁」の記憶がよみがえってきた。いったいこの取材は何に導かれているのだろう。

「あれからずっと考えていました。あの日のことを、何かのかたちで残しておかなければならないのではないかと」

三年間も迷い続け、私が取材記をまとめあげたちょうどその日に、決心して電話してきたというのだ。

送りたいものがあるのでと言われ、住所を告げると、数日後封筒が届いた。便箋三枚にわたりびっしりと几帳面な字で書かれていた。原爆で失った母親のこと、親代わりに面倒をみてくれたおばさんのことが記されていた。

その数日後、また分厚い封筒が送られてきた。手記は戦後大阪に嫁いだあともうけた子供についてだった。脳に異常があり、数年後に亡くなったとのことだった。

原爆、そして戦後をこの女性はどのように生きてきたのか。なぜ今突然私に連絡をとり、体験記を送ってくるのか。一度会いたいと電話してみた。「うれしいです」というはずんだ声が耳に残った。

歳月の中で募る悔しさ

電話と手紙の主、岩田静子さんの住まいは、大阪府貝塚市。ゴールデンウイーク、家族連れで華やぐ電車を乗り継いでお宅を目指した。こと細かに道順を教えてもらっていたのですぐ見つかった。玄関のチャイムを押すと小柄な女性が姿を見せた。満面の笑顔だった。

なぜ突然電話する気になったのか。岩田さんは、小さな体からは意外な、張りのある大きな声で答えた。

「悔しくてしょうがなかったんです」

毎年八月六日がきても、まわりの人は気にかけるようすもない。阪神・淡路大震災のあとその傾向は加速したように思うと語った。大阪の人にとって震災は近く原爆は遠い。このごろでは完全な無視に近い。そのことに耐えられなくなったというのだ。

岩田さんはいわゆる普通の被爆者だ。隠そうとは思わないが、自分からわざわざ辛い体験を語ろうとは思わない。多くの被爆者が取り組んできた、自分が歩んできた人生を記す「自分史」の執筆も何度か思い立ったが、忙しかったり体の調子が悪かったりでやめにしていた。しかし年々自分の中で大きくなる悔しさにどうにも我慢できなくなった。

しかしどこの誰にその思いをぶつければいいのかわからない。いろいろ考えているうち、NHKの番組制作者の連絡先を控えていたことを思い出した。数年前テレビで被爆当時の袋町国民学校を見てなつかしさがこみあげ、反射的に電話して、その時番組の担当者つまり私の電話番号をきいて書きとめていたのだ。

岩田さんは袋町国民学校のすぐ近くに住んでいた。その年の春、広島県庁保険課に職を得て、その日も事務所の置かれていた市の外れの小学校に通勤していた。爆心地からは数キロ離れていたが建物は爆風で崩壊。瓦礫の下敷きになって気絶していたが、しばらくして這い出した。自身はたいした傷も火傷も負わなかった。勤め先の友人と二人で市の中心部に向かった。自宅に残った母親と土橋の中学に通う弟のことが心配だった。

その日は原爆直撃の焼け野原で野宿。

翌朝友だちと別れ自宅を目指す途中、相生橋の上で「あなたのお父さんが自宅の跡にいる」と教えてもらい必死でかけつけた。焼け跡に立つ父を見つけた。病院を営んでいた父親は体調を崩していたこともあってひとり自宅を離れ、郊外に暮らしていたので無事だった。しかし再会した時、腕など体のあちこちを負傷していた。

母も弟も行方不明だった。ふたりはその日、辺りで唯一焼け残った袋町国民学校の校舎で一夜を過ごした。二階の教室には近所の人が七、八人いた。

翌日知り合いの軍人さんに偶然出会い、離れたところにある軍の宿舎に入れてもらうことになった。父親は動けなくなり、岩田さんはひとりで市の中心部に毎日通って母親と弟の行方を探した。

一週間後自宅の近くに並べられた遺体の中に見覚えのあるもんぺを見つけ、母親の遺体としてひきとった。弟の遺体や遺骨は見つからなかった。中学校の辺りには何度も足を運んだが手がかりさえない。焼けこげた弁当箱や帽子は落ちていたが、持って帰る気にはなれなかった。

戦後の苦しみ、そして雪解け

終戦になって、岩田さんはこう考えたという。

「自分は死んだことにしよう。新しい私に生まれ変わろう」

多くの人が無念の死をとげたなかで、まじめに生きようとしていなかった自分が情けなかったのだという。原爆で受けた心の傷も大きかった。岩田さんは自分が生き残ったことを同級生などに一切知らせなかった。数年後、縁あって大阪の貝塚に嫁入りし、広島を離れた。

岩田さんは生まれ変われたのか。

貝塚に嫁いだ一年後女の子に恵まれた。安産だった。しかし翌日赤ちゃんに異変が起きた。片方の目のまわりに黒い輪のようなものが現れた。ぐったりとして泣くこともできない。岩田さん自身にも異変が起きた。母乳が真っ黒になったのだ。

一ヵ月ほどして、赤ちゃんの目のまわりの黒も、母乳の黒もなくなった。

しかし赤ちゃんには気になる症状が現れた。脳性小児マヒだと診断された。生まれ出た時、脳の中で出血したことが原因ではないかということだった。あまり眠らず、よく泣き、ひとりで食事をとることもできない。おむつもとれない。かんしゃくを起こすので、しじゅうおぶって外を散歩した。夜中も面倒をみなければならず、徹夜になる日が月の半分を超えるのも珍しいことではなかった。そんな生活が七年間続いた。

精神が安定せずかんしゃくを起こす症状は悪くなる一方だった。和歌山の大学病院に相談に行き、脳の手術を受けることになった。しかし結局手術のあと意識は戻らず、帰らぬ人となった。

岩田さんは、送ってくれた手記にこう記している。

「広島で原爆を受けられた方で、私のような体験をされた方があるのでしょうか。今日までずっと気にかかっています。平成十七年四月十日佳子の五十回忌になります。犠牲になってくれたのです。何が何でも私は頑張って死ぬるわけにはいきません」

考えてみれば、岩田さんが電話をくれたのは佳子ちゃんの命日の四日後だった。

岩田さんはその後も被爆者の運動に参加したり被爆体験を積極的に語ることはなかった。続いて生まれたふたりの子供の育児に追われた。昭和五十一年に設立された貝塚の被爆者の会には名前を登録したが、年二回の定期検診にでかけるくらいのものだった。

昭和五十八年秋、検診で隣り合わせた女性が中学校の後輩であることがたまたまわかって言葉を交わした。話はそこからとんとん進んだ。後輩は岩田さんの同級生の連絡先を知っていた。年明けに関西に住む同級生の会が開かれることがわかり、参加することになった。一月の雪の日、京都で久しぶりになつかしい顔に再会した。「新しい自分」のためには原爆までの自分を消すしかないという岩田さんの中のわだかまりは嘘のように解けた。被爆から四十年近く、ようやく一歩が踏み出された。

しかし、その後も岩田さんが原爆にもう一度向き合う歩みはなかなか前に進まなかった。昭和六十一年、貝塚の被爆者の会の結成十周年に刊行された手記集には原稿を寄せたが、それ以上書く気にはなれなかった。

岩田さんの心が再び動いたのは、それから十四年後、八月六日のＮＨＫのスペシャル番組に映し出された「あの校舎」だった。伝言には近所の知り合いの名前がいくつも見られた。そして年はとったが見覚えのある顔。気がついたら受話器をとりＮＨＫに電話していた。ふと気になったことを質問した。しかし自分が何者でどんな思いで電話したのか、それ以上は語らなかった。

自分も被爆体験に向き合い、何かを書いたり話したりして残さなければいけないのではないか。その時芽生えた思いが行動になるまで、さらに三年の時間が必要だった。

沈黙の教室

私には岩田さんに会って直接聞きたいことがあった。それは被爆直後の「伝言の主」についてだ。日高憲之介さんや中田君子さん、世波浅吉さんたちは、その時どんな様子で何をしていたのか。原爆投下の翌日校舎の二階で一夜を過ごした岩田さんなら知っているのではないか。

しかし質問する私に、岩田さんは申し訳なさそうに答えた。

「あの日の夜、校舎の二階にいたのは七、八人。みんな近所の人でした。私が一番若かったと思います。でも誰がいたのか、まったく覚えてないんです」

今もきのうのことのように覚えているのに、誰がいたのかは記憶にないというのだ。なぜ覚えていないのか。岩田さん自身不思議だと答えた。救護所にいた医師の大田さんの話を思い出した。その時どんな精神状態だったのか、もう少しきいてみることにした。

炎天下でまる一日以上一滴の水も飲まなかったが、そのことにもまったく気づかず平気だったそうだ。八月七日に家の焼け跡で父親と再会したあと、破裂した水道管からあふれる水を飲んだ時、そういえば何も口にしていなかったことを思い出したという。今が何日で原爆から何日目なのかといったこともほとんど覚えていない。母親の遺体を見つけたのが被爆から一週間目だったと言えるのは、その直後に郊外から出てきたおじさんにばったり出会い、今は何日かと尋ねて教えてもらったからだ。

あれこれ話すうち、そういえばと岩田さんが話し始めた。

「私たちは、あの時何も話さなかったんです。最初の夜を勤め先の友人と過ごした時も、お互いにひとことも話さなかった。夜、上空をアメリカの飛行機が飛んでいくのをふたりして見上げたんですが、言葉は交わさなかった。一睡もしなかったのに夜が明けるまでまったく何も話さず、翌朝別れた。次の日も、焼け跡で父親に会った時も、その時二言三言話しただけであとは何も話さなかった」

そんな沈黙があったのだ。うめき声や泣き声で満ちた救護所の話はいくつも聞いた。阿鼻叫喚の地下室で生まれた新しい命を詠んだ栗原貞子さんの詩「生ましめんかな」をはじめ、数々の詩や手記にも「音」はつづられている。当時の悲惨を知らない者にも理解しやすい情景だ。しかし実はもう一種類の空間が存在したのだ。「沈黙」の空間。

典型的な一場面が、原爆の翌日の夜、岩田さんが過ごした袋町国民学校の教室だった。居合わせた人は全員少なくとも外見上無傷だった。偶然郊外に出ていたり建物の陰にいたりして火傷も傷も負わなかった。しかし心が落ち着いていたわけではもちろんない。消えた家族を必死で探したのはまさに彼らだった。底無し沼に沈んでいくような絶望。おびただしい死体や、人間とは思えない姿になった人たちの断末魔をもっともはっきり記憶に焼き付けたのも彼らだった。

うめき声が充満する部屋が究極の「苦しみの場」であるとすれば、沈黙の部屋は究極の「悲しみの場」だ。

顔見知りが一夜を過ごした部屋は、さぞやたくさんの悲しみや不安の言葉に満ちていたに違いない。その時を知らない者はそのように想像する。だからあの時のことを覚えていないと言われても納得がいかない。

しかし現実はそんな想像のはるか先を行っていた。誰も何も話さなかったのだ。話す気力も尽き果てて、へたりこんで固まっていたのだ。多くの人は夜が明けるまでまんじりともせず、しかし何も話さなかったのだ。ひたすら続く沈黙。だからその時誰がいたのか覚えられなかったのだ。

沈黙に耐えられなくなった岩田さんは、夜中ひとり校舎の屋上にのぼった。暗闇の中にいくつもの火と煙が見えた。おびただしい死体を焼く火だった。

話を聞き始めて三時間がたっていた。


岩田さんが自分の中の封印を破るのに五十八年かかったわけ、いったん語り始めたら止まらなくなったわけを、私は理解したように思う。

そして託された話をこれから伝えていく自分の使命の重さを思う。

岩田さんは最近体調不良に悩まされている。それでも生きたい、死ねないという。幼くして亡くなった佳子ちゃんの五十回忌まであと二年。それまでは石にかじりついてでも生きますと語った。

岩田さんは神経痛の足を引きずりながら私を玄関先まで見送り、また駅までの道順をこと細かに教えてくれた。角を曲がる時振り返ると、腕を高くあげて力強く手を振ってくれた。その姿を私は一生忘れないだろう。

力強いその言葉をかみ締めながら、私は今「岩田さんが石にかじりついてでも生きたあと」を思わずにはいられない。

岩田さんたちがついに力尽きた時、私たちはどうすればいいのか。

その時世界から核兵器が消えていることはありえない。それどころか、再び人々の頭上に、人類が作り出した巨大な火の玉が出現するかもしれないのだ。そこが再び日本である可能性が高まっている。

私たちは「あの日の悲しみ」を引き継ぎ、伝える術を身につけておかなければならない。

◎本書はＮＨＫの下記テレビ番組をもとに書き下ろしています。

ＮＨＫスペシャル

「オ願ヒ　オ知ラセ下サイ〜ヒロシマ・あの日の伝言〜」

（2000年８月６日放送）

写真提供	菊池俊吉　林重男
取材協力	東海大学情報技術センター　三浦正幸　安田壮
語り	桜井洋子
取材	中野拓也　國光宏典
照明	岡村清
音声	田嶋猛　石川亘
映像デザイン	土居京子
ＣＧ制作	飯田正博
音響効果	小野さおり　神山勉
編集	一ノ宮護
構成	井上恭介
制作統括	隈井秀明　湧川高史

ハイビジョンスペシャル

「オ願ヒ　オ知ラセ下サイ〜ヒロシマ『被爆の伝言』〜」

（2001年８月４日放送）

写真提供	菊池俊吉　林重男　岸田貢宜
取材協力	東海大学情報技術センター　三浦正幸　安田壮
語り	薬師丸ひろ子
取材	中野拓也　國光宏典
照明	岡村清
音声	大畑幸正　石川亘
映像技術	野林繁樹
映像デザイン	土居京子
ＣＧ制作	飯田正博　猪原健夫
音響効果	小野さおり　神山勉
編集	一ノ宮護
構成	井上恭介
制作統括	隈井秀明

◎写真提供
菊池徳子
P. 13下　P. 29　P. 37　P. 45　P. 57　P. 67　P. 71　P. 112　P. 117下
P. 159
東海大学情報技術センター
P. 91　P. 95　P. 99　P. 106　P. 125　P. 139　P. 149
日本放送協会
P. 13上　P. 78　P. 81　P. 87　P. 117上　P. 129　P. 132

井上恭介（いのうえ　きょうすけ）

一九六四年生まれ。八七年東京大学法学部卒業、NHK入局。静岡放送局、報道局番組部等を経て、広島放送局報道番組ディレクター。中華五千年の至宝から歴史をひもとくNHKスペシャル「故宮」、政権幹部への取材から百万人をこえる自国民を殺したカンボジア、ポル・ポト政権の謎に迫るNHKスペシャル「ポル・ポトの悪夢」を制作。それぞれの取材記をもとにした共著書『故宮』『なぜ同胞を殺したのか』（共にNHK出版）がある。

ヒロシマ――壁《かべ》に残《のこ》された伝言《でんごん》

集英社新書〇一九二D

二〇〇三年 七 月二二日 第一刷発行
二〇一七年一〇月 九 日 第七刷発行

著者……井上恭介《いのうえきょうすけ》
発行者……茨木政彦
発行所……株式会社集英社
東京都千代田区一ツ橋二－五－一〇　郵便番号一〇一－八〇五〇
電話　〇三－三二三〇－六三九一（編集部）
〇三－三二三〇－六〇八〇（読者係）
〇三－三二三〇－六三九三（販売部）書店専用

装幀……原　研哉
印刷所……大日本印刷株式会社　凸版印刷株式会社
製本所……加藤製本株式会社

定価はカバーに表示してあります。

ISBN 978-4-08-720192-5 C0221

Printed in Japan

a pilot of wisdom

a pilot of wisdom

日本の聖地ベスト100	植島啓司
続・悩む力	姜尚中
心を癒す言葉の花束	アルフォンス・デーケン
自分を抱きしめてあげたい日に	落合恵子
その未来はどうなの？	橋本治
荒天の武学	内田樹 光岡英稔
武術と医術 人を活かすメソッド	甲野善紀 小池弘人
不安が力になる	ジョン・キム
冷泉家 八〇〇年の「守る力」	冷泉貴実子
世界と闘う「読書術」 思想を鍛える一〇〇〇冊	佐高信 佐藤優
心の力	姜尚中
一神教と国家 イスラーム、キリスト教、ユダヤ教	内田樹 中田考
伝える極意	長井鞠子
それでも僕は前を向く	大橋巨泉
体を使って心をおさめる 修験道入門	田中利典
百歳の力	篠田桃紅
釈迦とイエス 真理は一つ	三田誠広
ブッダをたずねて 仏教二五〇〇年の歴史	立川武蔵
「おっぱい」は好きなだけ吸うがいい	加島祥造
イスラーム 生と死と聖戦	中田考
アウトサイダーの幸福論	ロバート・ハリス
進みながら強くなる ——欲望道徳論	鹿島茂
科学の危機	金森修
出家的人生のすすめ	佐々木閑
科学者は戦争で何をしたか	益川敏英
悪の力	姜尚中
生存教室 ディストピアを生き抜くために	内田樹 光岡英稔
ルバイヤートの謎 ペルシア詩が誘う考古の世界	金子民雄
感情で釣られる人々 なぜ理性は負け続けるのか	堀内進之介
永六輔の伝言 僕が愛した「芸と反骨」	矢崎泰久・編
淡々と生きる 100歳プロゴルファーの人生哲学	内田棟
若者よ、猛省しなさい	下重暁子
イスラーム入門 文明の共存を考えるための99の扉	中田考
ダメなときほど「言葉」を磨こう	萩本欽一

歴史・地理――D

「日出づる処の天子」は謀略か　黒岩重吾
日本人の魂の原郷　沖縄久高島　比嘉康雄
沖縄の旅・アブチラガマと轟《とどろ》の壕　石原昌家
アメリカのユダヤ人迫害史　佐藤唯行
怪傑！　大久保彦左衛門　百瀬明治
ヒロシマ――壁に残された伝言　井上恭介
英仏百年戦争　佐藤賢一
死刑執行人サンソン　安達正勝
パレスチナ紛争史　横田勇人
ヒエログリフを愉しむ　近藤二郎
僕の叔父さん　網野善彦　中沢新一
ハンセン病　重監房の記録　宮坂道夫
勘定奉行　荻原重秀の生涯　村井淳志
沖縄を撃つ！　花村萬月
反米大陸　伊藤千尋
大名屋敷の謎　安藤優一郎
陸海軍戦史に学ぶ　負ける組織と日本人　藤井非三四
在日一世の記憶　小熊英二・姜尚中編
徳川家康の詰め将棋　大坂城包囲網　安部龍太郎
名士の系譜　日本養子伝　新井えり
知っておきたいアメリカ意外史　杉田米行
長崎グラバー邸　父子二代　山口由美
江戸・東京　下町の歳時記　荒井修
警察の誕生　菊池良生
愛と欲望のフランス王列伝　八幡和郎
日本人の坐り方　矢田部英正
江戸っ子の意地　安藤優一郎
長崎　唐人屋敷の謎　横山宏章
人と森の物語　池内紀
新選組の新常識　菊地明
ローマ人に学ぶ　本村凌二
北朝鮮で考えたこと　テッサ・モーリス-スズキ
ツタンカーメン　少年王の謎　河合望

a pilot of wisdom

集英社新書　好評既刊

気の持ちようの幸福論
小島慶子　0634-C

自身の不安障害体験などを赤裸々に明かしつつ、他者との「交わり方」を真摯に問いかける生き方論。

中国経済　あやうい本質
浜　矩子　0635-A

中国経済の矛盾、そのバブル破裂が今後世界に及ぼす影響を鋭利に分析。中国と日本が共存する道を考える。

ジョジョの奇妙な名言集part1～3〈ヴィジュアル版〉
荒木飛呂彦／解説・中条省平　025-V

累計七五〇〇万部を打ち立てた漫画『ジョジョの奇妙な冒険』。「ジョジョ語」と呼ばれる珠玉の言葉を収録。

ジョジョの奇妙な名言集part4～8〈ヴィジュアル版〉
荒木飛呂彦　026-V

なぜこれほどまでに『ジョジョ』の言葉は力強いのか？『ジョジョ』の入門書でありファン必読の一冊。

司馬遼太郎の幻想ロマン
磯貝勝太郎　0638-F

歴史小説家としてよく知られる司馬遼太郎だが、真髄は幻想小説にある。もうひとつの作家性の謎を解く。

日本の聖地ベスト100
植島啓司　0639-C

日本古来の聖域を長年の調査をもとに紹介。伊勢や出雲、熊野は勿論、ぜひ訪れたい場所を学者が案内する。

武蔵と柳生新陰流
赤羽根龍夫／赤羽根大介　0640-H

名古屋春風館に伝わる武蔵と柳生の技の比較と、史料『刀法録』を通じ、日本の身体文化の到達点に迫る。

GANTZなSF映画論
奥　浩哉　0641-F

累計一九〇〇万部を突破した漫画『GANTZ』。映画通の著者が自身の創作に影響を与えた映画を語る！

池波正太郎「自前」の思想
佐高　信／田中優子　0642-F

池波作品の魅力と作家自身の人生を読み解きながら、非情な時代を生き抜くための人生哲学を語り合う。

北朝鮮で考えたこと
テッサ・モーリス-スズキ　0643-D

英米圏屈指の歴史学者が、北朝鮮の「現在」を詳細にルポルタージュ。変わりゆく未知の国の日常を描く。